JN172620

【東北アジアの社会と環境】

越境者の人類学

── 家族誌・個人誌からのアプローチ ──

瀬川 昌久 編

古今書院

華僑出身村落の祠堂に掲げられた扁額（福建省福州市）
兼城糸絵撮影.

Anthropological Studies on Transnational Families and Individuals

Edited by Masahisa SEGAWA

Kokon-Shoin Publisher, Tokyo, 2018

巻 頭 言

　東北アジアが，それ以前とは異なる意味あいをもって我々の前に立ち現れたのは，
1990 年代はじめのことである．ソ連の解体による冷戦の終結は，1970 年代末から
始まっていた中国の改革・開放政策の進展と相まって，地域の地政学的な構図を大
きく変えたからである．それから 30 年近くが過ぎた今，東北アジアは依然さまざ
まな課題を抱えている．

　我々は，かつては極東における東西両陣営の接触点に過ぎなかった東北アジアを，
ロシア，モンゴル，中国，朝鮮半島，日本を含むより広域の概念として再定義し，
この地域が共有する課題を文理諸分野の連携により研究するための新たな地域概念
として，考えている．地域研究（regional studies）は，それが複数形であることから
わかるように，学術研究の多様なディシプリンの方法を動員しつつ，その知見を
総合することによって，地域理解を導出する学のあり方であり，それは地域が共有
する課題の多様性に対応している．

　作業概念としての東北アジアは，世界のなかからこの地域を切り離して理解しよ
うとするものではない．グローバル化の進展は，世界を平準化するように見えなが
ら，実際には国や地域ごとの特質を際立たせてきた面がある．普遍と特殊の相関関
係は，学問の永遠の課題である．近代は，特殊性を普遍性の発現形態に過ぎないと
考える傾向を強くもったが，東北アジアで今目立つのは，むしろ普遍に対する地域
の異議申し立てなのである．東北アジア地域研究は，地域における普遍の発現の様
態を探求する学であるとともに，地域の特質を見定める学的営為でもある．

　課題の多様性は，個々の課題において動員すべき研究分野と方法，設定されるべ
き研究の視野の多様性に対応する．課題と研究方法の多様性は，地域理解の深化を
可能とする媒体にほかならない．

　東北大学東北アジア研究センターは，文系・理系の研究者が集まる学際的な構成
をもつことによって，東北アジアの多様な課題に対応しうる態勢を整えているが，
個々の共同研究は，国内外の様々な研究機関・研究者との協働を通じてはじめて実
現される．本書は，そのような学際的・国際的研究連携のあり方を示している．多
様な分野の研究者のネットワークを構築し，それらを結びつけつつ，国際的な拠点，
研究のハブの一つとして機能することを，東北アジア研究センターは目指している．
本書は，東北アジア研究センター創設 20 周年記念企画として刊行された．それは
東北アジア研究の次のステージへの道標にほかならない．

岡　洋樹
前 東北大学東北アジア研究センター長

目　次

巻頭言　　岡　洋樹　i
はしがき　瀬川 昌久　iv

第1章　中国朝鮮族の国境を越える移動
　　　──家族のライフストーリーからの接近
　　　　　　　　　　　　……………………………… 李　華　1

第2章　なぜ彼らは海外を目指したのか
　　　──中国福建省の不法移民のライフストーリーから
　　　　　　　　　　　　……………………………… 兼城 糸絵　20

第3章　「異者^{ストレンジャー}」のなかで生きる
　　　── 2 人の移動する個人のライフストーリーを事例に
　　　　　　　　　　　………………………… リーペレス ファビオ　38

第4章　台湾外省人の移動をめぐる選択過程
　　　──中華民国体制支持と台湾社会への愛着のはざまで
　　　　　　　　　　　……………………………… 上水流 久彦　58

第5章　脱ヘル朝鮮という希望
　　　──もうひとつの非政治経済的な移民動機の事例研究
　　　　　　　　　　　……………………………… 太田 心平　75

第6章　珠江デルタにおける人の移動の変遷
　　　──ある家族の三世代に着目して
　　　　　　　　　　　……………………………… 川口 幸大　92

第7章 《一時滞在者》の社会的ネットワークに関する人類学的研究
　　　——在日中国人技能実習生を例として
　　　　　………………………………………… 李　斌　115

第8章 越境者をめぐる個人誌・家族誌記述について
　　　——華僑文学を題材に
　　　　　………………………………………… 瀬川 昌久　131

　あとがき　瀬川 昌久　150
　索　　引／執筆者紹介　152

はしがき

　かつて冒険家や商人など希な人々に限られた国際的越境移動現象も，近現代が生み出した全地球規模の政治経済秩序や交通手段の革新につれて，大量の「普通の人々」を巻き込むものとなった．この現象は日本・中国・朝鮮半島・台湾を含む東北アジア地域も例外ではない．こうした国際的越境移動現象を対象とした学術研究（移民研究）には大きく分けて2つの方向性があり，1つは人々の移動を生じさせている社会背景や移動の推移などについて巨視的・体系的な観点から解明しようとするものである．確かに，人の移動にはそれなりのコストやリスクがともなうものである以上，それが生じるためには国際的な経済格差や貧困問題，政治的迫害や社会不安などといった諸々の圧力要因が作用しているはずであり，それらを各国の政策や経済指標などをもとに解明していくことは，それなりの意義をもつ．

　ただし，こうしたマクロな視点からは，人の移動は常に経済的・政治的・その他何らかの要因に促されての，マスとしての人々の空間的転移として記述され，かつ移動自体はいわばそれらの「要因」の帰結として扱われる傾向がある．だが，個々の人々はそれら諸要因のもとで受け身的に移動を余儀なくされる仮そめのアクターであるばかりではない．いかに差し迫った，やむにやまれぬ事情に突き動かされての移動であろうと，またそうではなかろうと，移動を選択する個人や家族はその都度都度において状況判断を行い，また移動先の生活のなかでさまざまな試行や創意を行っている．移動する人々のこうした「主体性」についての視点を回復する試みは，人々の生活場面に微視的に密着し，彼らの迷いや決断やそれらの蓄積としての経験知に可能な限り寄り添うことを通じて初めて可能となる．

　とりわけ国際的越境移動の場合，それを生み出す要因が何であるにせよ，その渦中にある人々にとっては自らの人生を掛けた実存的営為として行われているのであり，マクロな視点から得られる平均値的な動向や一般化された理由付けには還元不可能な個別具体的経験に満ちあふれているはずである．文化人類学が他の

社会科学との違いを最も主張できるのは，対象に密着した参与観察とそこから得られる質的データに立脚しつつ，可能な限り先入観を排して対象のもつ文脈に肉薄して行こうとするその姿勢である．こうした方法論を用い，国際的越境移動をする個々の家族や個人の個別的経験の襞に分け入ってゆくことは，マクロな説明を求めるのとは対極にあるもう1つの移民研究の方向性であり，それは主として文化人類学者に課せられた使命といってよいであろう．

　本書は，東北アジア地域内外を国際的に移動する人々を対象とし，個々の家族や個人の視点に寄り添って調査研究を行っている一連の文化人類学者たちの研究である．対象とする移動者個々人の経験がそれぞれに個別的であり，また試行錯誤に満ちたものであるのと同様，それを扱うこれらの研究もそれぞれに個別的であり試行錯誤的である．数量化され標準化されたマクロな動向だけを知ろうとする者にとっては，それはあまりに個別的で個人的なものと映るかもしれないが，逆に過度の一般化からは漏れ落ちてしまう多様な実践のあり方や当事者たちの心性のあり方を明らかにすることこそが，本書の目指すところである．

　同時に，本書はそのようにして「個」の領域へと限りなく降りて行くことがもつ認識論上の問題点をも併せて考察することを目指している．文化人類学も，基本的な枠組みとしては「エスニックグループ」や「コミュニティー」など，ある種の社会集団を前提としつつ，その属性にかかわる議論を行ってきたわけだが，越境移動する人々はまさにそのような集団次元の現象を飛び越えて個別的経験の世界に生きる人々なのであり，それを文化人類学の方法論でどこまで記述・分析できるのかを検討することはきわめて挑戦的な課題である．したがって，本書では個々のケーススタディーのなかに含まれる記述を「民族誌」としてではなく「個人誌」・「家族誌」と位置づけ，その方法論的な可能性と課題を探っていく．

　本書を構成する各章の内容はざっと以下の通りである．

　李華による**第1章「中国朝鮮族の国境を越える移動——家族のライフストーリーからの接近」**は，中国吉林省延吉市の1村の朝鮮族家族における韓国への出稼ぎを扱い，村に残される子どもの養育や老父母の扶養のあり方，それらをめぐる伝統的な家族倫理との矛盾・葛藤を細密に分析している．マクロな国際環境が生み出した国外出稼ぎ移住の陰で，個別の家族や個人が経験しているミクロな対応や

苦渋の選択の過程がリアルに分析されている．越境者の家族生活に密着して寄り添った分析の成果である．

　続く兼城糸絵による**第2章「なぜ彼らは海外を目指したのか──中国福建省の不法移民のライフストーリーから」**は，福建省のある村からの日本密航者のライフストーリーを詳細に分析し，彼らの越境が必ずしも貧困から逃れるための経済戦略のみでは説明できないことを明らかにした上で，それはむしろ中国国内での社会関係の構築・維持にかかる高いコストを避け，そうしたコストが度外視できる海外での就労を選択するという行為であると分析している．経済格差や「お金のため」という表層面のみの説明を超え，越境者のより深い動機に肉薄することに成功した個人誌的アプローチの成果である．

　リーペレス ファビオによる**第3章「『異者』のなかで生きる──2人の移動する個人のライフストーリーを事例に」**は，日本においてハーフや帰国子女としての境遇から国境や文化を越境して生活することが常態となっている個人のライフストーリーを分析することを通じて，そうした個人が国籍やエスニシティーや文化的な帰属などの既存の集団的枠組みに準拠せずに他者との関係を構築している様を描き出し，個人の視点から人間の普遍性を究明してゆく「コスモポリタン研究」の必要性を説いている．越境者の側に立った個人誌的アプローチのユニークな成果であるとともに，人類学の既存の視座を相対化しようとする意欲的な問題提起である．

　上水流久彦による**第4章「台湾外省人の移動をめぐる選択過程──中華民国体制支持と台湾社会への愛着のはざまで」**は，中華人民共和国成立前後に国民党と共産党の対立から台湾に移り住んだ中国本土出身者である「台湾外省人」が，今日中国本土の故郷との往来が比較的自由となっている現状を分析し，戦後の台湾社会の繁栄を作り上げてきた「構成者」の一員としての自己意識が，彼らをして台湾社会への残留を選択させる背景となっていることを論じている．国際政治・経済のマクロな要因からではなく，アクターとしての移動者自身の主体性に着目した分析である．

　太田心平による**第5章「脱ヘル朝鮮という希望──もうひとつの非政治経済的な移民動機の事例研究」**は，近年の韓国においてとくに若年層に見られる韓国からの脱出欲求と海外移民を扱い，そうした動向が政治経済的理由のみに還元でき

るものではなく，個々人の情動面にまで踏み込んでみて初めて理解可能なもので
あることを明らかにしている．また，ともするとそうした移民たちの真の移民動
機が隠され，通説的な理由の説明のみが再生産されがちとなるメカニズムにも考
察を加えている．越境する人々と個人的に向き合い，その「本音」部分の語りを
引き出すことに迫った論考である．

　川口幸大による**第 6 章「珠江デルタにおける人の移動の変遷——ある家族の三
世代に着目して」**は，広東省珠江デルタに暮らす 1 家族を例に，過去 1 世紀間の
広州や香港への越境移動のベクトルの変化をその背景とともに検討している．と
くに近年の経済発展の状況下で，内陸からの出稼ぎ者が村の周囲に押し寄せる一
方，彼ら古くからの村民たちが，子育てや老親宅との往来の便から村の最寄りの
都市に居を構えるなどの選択を行っていることが示されている．これもまた，ミ
クロなレベルにおいて等身大の人の移動を捉えた研究の好例である．

　また，李斌による**第 7 章「《一時滞在者》の社会的ネットワークに関する人類
学的研究——在日中国人技能実習生を例として」**は，中国から日本に非熟練労働
力としてやってくる技能実習生たちを題材とし，制度的に「一時滞在者」として
の立場を強いられる彼らが，如何にその限られた社会関係を駆使して状況に立ち
向かっているのかを明らかにしている．技能実習生の生活に密着し，その個人的
経験のレベルから分析を行うことにより，マクロな制度的・経済的説明のみから
は明らかにし得ない行動主体としての彼らの能動的側面を描き出すことに成功し
ている．

　そして瀬川昌久による**第 8 章「越境者をめぐる個人誌・家族誌記述について——
華僑文学を題材に」**は，異境の地に暮らす華僑の家族の姿を描いた小説を題材と
して，そのような越境者個人や家族の経験を，フィクションとして描き出すこと
の有効性を論じている．人類学者の記述する「民族誌」は，民族や文化集団といっ
た何らかの集団枠組みの存在を前提としているが，越境者のもつ個別的経験の世
界を記述しようとするとき，むしろ文学作品のような記述の仕方の方がそうした
枠組みに拘泥されることなくリアリティーに迫り得ることを示している．個人誌・
家族誌の記述にかかわる方法論的な問題提起である．

　以上，いずれの章の論考も，個人誌・家族誌レベルの記述・分析を通じて，移

動の主体としての越境者の移動動機，適応への模索，迷いと苦悩等を具に明らかにしている．また，それを通じて，こうしたミクロなレベルからの記述・分析が，国際的人口移動の背景としての諸制度，経済格差，国際政治などに関する巨視的説明だけでは漏れ落ちてしまう越境者自身の個別的な経験の領域を照らし出し，人間についての我々の理解を深化させることに役立つものであることを示そうとしている．しばしの間，その深みの世界へ読者諸氏をいざないたい．

編　者

第1章　中国朝鮮族の国境を越える移動

家族のライフストーリーからの接近^(注1)

李　華

Li, Hua

1　家族誌——越境する中国朝鮮族を捉える視座

　ここではまず，筆者が長期的に調査を続けてきた吉林省延吉市朝陽川鎮T村の，ある朝鮮家族の100年近い歩みを振り返ってみる．

　【事例①　K・T氏】　K・T氏（1931年生まれ，2012年死亡）の本籍は北朝鮮の咸境北道吉州郡である．K・T氏の父親は1922年，先に移住していた兄を頼って現在のT村にきた．村の西にある山を開墾して1年間生活した後，知り合いの漢族の紹介で現在の延吉市八道鎮労働村に移住した．1931年，K・T氏が労働村で生まれてすぐ「9・18事変^(注2)」が勃発したので，黒龍省寧安県に再移住した．そこで1945年の光復^(注3)を迎えたが，今度は土匪の強奪に遭い，その年の9月に再びT村に戻ってきた．当時，T村はすでに共産党によって解放され，土地の分配が始まっていた．北朝鮮も解放されたので，避難民であるK・T氏一家は北朝鮮に帰るようにいわれたが，イトコが村の土地分配の責任者の一員だったため村に残ることができた．

　K・T氏の父親は4兄弟の三男である．中国に移住するとき，祖父母は北朝鮮に残っていた．また，父親の兄弟たちも1945年光復と共に三男であるK・T氏家族と四男の妻（四男はその前黒龍省寧安にいるときに病死した），長男の三男（1960年に北朝鮮に帰った）を残して皆北朝鮮に帰って行った．現在，北朝鮮にいる親族は以下の通りである．祖父母の兄弟の子孫，父親

の長兄（1女2男），次兄（4男）の子孫．北朝鮮の親族とはずっと連絡があり，2000年代初めまでにはK・T氏夫婦もたびたび訪問していた．中国には弟，異母姉の子孫などの親族がいる．

K・T氏夫婦には1女3男がいる．

長女（1952年生まれ）夫婦は，現在延吉市に居住している．2人の娘がおり，長女（1977年生まれ）は，2001年に結婚してすぐ2年間サイパンに出稼ぎに行き，2003年に帰国した．2007年に長男（当時2歳）を親に預け，夫婦で韓国に渡った．次女（1980年生まれ）は，延吉にある縫製工場で働いていたが，2008年から韓国に行っている．

長男（1956年生まれ）は，本村で農業をしていたが，2001年から韓国に出稼ぎに行っている．妻は夫が韓国に行く前にロシアに2年間出稼ぎに行っていた．1男1女がいるが，長男（1983年生まれ）もサイパンに出稼ぎに行っている．妻は2002年に当時高校生であった長女の勉強の為に，本村にある農地は漢族に貸し付け，朝陽川鎮に移り住んでいた．その後，2008年に韓国に渡り飲食店で働いている．長女（1986年生まれ）は大学卒業後，日本に留学した．

次男（1959年生まれ）は，本村で農業をしていたが，家と農地（親の農地も含めて）を全部漢族に売って，2003年に朝陽川鎮に移住した．妻は2000年に韓国に行った．1男1女がいる．長女（1986年生まれ），長男（1989年生まれ）は大学卒業後上海の韓国企業に勤めている．

三男（1962年生まれ）は，本村に住んでいたが，ロシアでの出稼ぎを終えて，延吉市に住んでいた．2009年に夫婦共に韓国に行った．息子（1991年生まれ）は大学卒業後韓国で留学中．

一見ただの家族構成や親族ネットワークの時代的，地域的羅列に過ぎないとみられるかもしれないが，家族によって多少の違いはあれども，これはまさに中国朝鮮族の家族が共通に経験してきた100年である．したがって，このような家族の歴史はある程度のモデル化の意味をもつだけではなく，中国朝鮮族社会の理解の出発点でもありうると考えられる．

すなわち，早くも19世紀60年代から本格的に始まった中国朝鮮族の国境を越

える移動の歴史はすでに 100 年余りの歳月を経過している．当初生活難や日本の殖民地政策によって中国東北部に移住し，中華人民共和国の成立を機に定住生活を送っていた朝鮮半島の移住民およびその子孫の人々は，1990 年代以降再び母国である韓国への逆移動を始めとする大規模海外移動に踏み切るようになったのである．たとえば，2017 年 3 月現在韓国に合法的に滞在する朝鮮族の数だけで 62 万 5,039 人（韓国法務部出入国管理局外国人政策本部 2017）に達するが，これは朝鮮族総人口 183 万 929 人（国務院人口普査辨公室，国家統計局 2012：38 頁）の約 34％を占める数字でもある．これに，その具体的な数を把握できない不法滞在者，および国際結婚や帰化，国籍回復などの経路で韓国国籍を取得した「元朝鮮族」の人々を加えると，少なくとも 70 万人以上が韓国に長期滞在することになる．したがって，いまや「在韓朝鮮族 70 万人時代」とも呼ばれており，国境を越える移動を抜きにしては中国朝鮮族を語ること自体が不可能な状況になっている．

　本章ではこうした朝鮮族社会の特徴ともいえるような国境を越える移動，とくに韓国への出稼ぎ移動を家族のライフストーリーというきわめてミクロで質的な研究手法で取り扱い，移動のなかを生きる個々の家族のあり方を記述・分析することで，所与の社会経済的条件のみに帰結できない彼らの海外移動およびその移動を継続させるメカニズムについてより多角的な視点で解明したい．

　具体的には，中国吉林省延辺朝鮮族自治州における長期的なフィールド調査で得られた事例にもとづき，朝鮮族の人々を海外移動に向かわせた社会的環境およびそれに対応する個々の家族や個人の主体的選択と戦略について検討する．その際，個人単位の移動が主な移動形態であり，家族成員の分散居住に表象されるトランスナショナルな家族の存在が注目される朝鮮族移動の現状に合わせて，とくに伝統的な家族理念と価値観がどのような持続性と変容を見せながら国境を越えた家族の営みを支えているのか，人々が伝統をそのまま利用あるいは変容させながら海外移動を継続させる理由とは如何なるものであり，またそれらについて如何なる解釈を行っているのかなどの側面について集中的に考察を行う．

2　越境する家族——韓国への逆移動とトランスナショナルな家族の形成

　中国朝鮮族の韓国への逆移動は，① 1992 年以前の縁故政策にもとづく親族訪

問，② 1992 年から 2004 年までの移住抑制政策による不法入国，不法滞在および 2005 年から 2006 までの過渡期，③ 2007 年以降の無縁故就業政策による大規模訪問就業の三段階に分けて，分析することができる．

親族訪問

1988 年ソウル・オリンピックのメディア報道や，1986 年からの KBS 社会教育放送「離散家族探し」番組により韓国での親戚訪問を果たした一部の朝鮮族を通して，資本主義国家「南朝鮮」として中国国内ではあまり知らされてこなかった韓国の発展ぶりが多くの朝鮮族の人々に伝わるようになった．とくに親戚訪問で韓国を訪れた人たちがお土産として持ち込んだ漢方薬が原価の数倍，数十倍の価格で売られ，数カ月という短期間で中国国内では生涯を掛けても手に入れられない富を獲得したことは後の朝鮮族社会における「韓国ドリーム」，「ソウル・パラム（風）」の引き金にもなったのである．

ただし，中国に移住した移住民のなかで朝鮮半島南部の出身者は限られている．さらに半世紀以上に渡る交渉の空白で連絡が途絶えたり行方不明になった親族も少なくない．そのため，親族訪問の名目で韓国ドリームを果たせる人はそう多くはなかった．また，1992 年から韓国政府が親族訪問ビザの発給対象の年齢規定を55 歳以上と繰り上げたため，親族訪問を通した韓国入りはさらに難しくなった．

そして，中国産漢方薬の大量流入によって大きな打撃を受けた韓国同業者達の強い反発を受けて韓国政府が中国からの漢方薬の流入を禁止する政策に乗り出したので，多くの親戚訪問者はビザ有効期限内に帰国できず，不法滞在しながら韓国の中小企業で働くようになった．

ところが 1992 年の中韓国交樹立を機に，中国朝鮮族社会はこれまでにない国境を越える大移動の波にさらされることになる．

不法入国，不法就労および政策過渡期

韓国は 1980 年代後半から著しい経済成長を成し遂げ，一躍先進国の仲間入りを果たした．ところが，1987 年以降韓国中小企業は強力な労働運動とそれにともなう賃金の上昇，韓国人労働者に広がる「3D 職種忌避傾向」により，深刻な人手不足に陥ってしまった．

　一方，中韓国交樹立後，さらに多くの朝鮮族が親戚訪問，観光，文化交流，研修などの比較的狭い正式なルートおよび密入国などを通じて韓国に入国した後不法就労をするようになったが，そのほとんどが韓国での次のビザ期限を延長することができなく，不法滞在者に転じてしまったのである．また，韓国行きを強く望む朝鮮族と韓国政府の入国政策の隙間を狙って研修や交流，国際結婚を斡旋する専門のブローカーも出てくるようになった．

　そして，朝鮮族の間ではしだいに女性の性別的資源を利用した国際結婚が出現，増加し始めた．たとえば，1992 年に 429 件しかなかった中国女性と韓国男性との国際結婚が 1993 年には 1851 件，1994 年には 8450 件，1995 年には 9271 件と一気にその数が急増した（朴光星 2006：145 頁）．ここで注目すべきは，そのような国際結婚者の相当数が出稼ぎを目的とする「偽装結婚」をしたことであり，彼女たちの結婚はさらに 2 倍，3 倍にもなる朝鮮族の越境を可能にさせる「連鎖効果」をもっていたことである．なぜなら，結婚して韓国人の配偶者になった女性は，その家族を親戚訪問の名目で韓国に呼び寄せることができるので，朝鮮族の韓国入りはもう一つの確実なルートを確保したことになる．また，初期韓国入りの主なパターンとして結婚女性の親への偽装がとくに多かったが，それは実の親のパスポートに偽装者本人の写真を貼りつけるいわゆる「頭替え」であった．

　その後，2002 年の韓日サッカーワールドカップ開催を機に韓国政府は不法滞在外国人に対して「自主申告出国猶予措置」を取り，さらに 2005 年と 2006 年には自主申告し出国する中国，ロシアの同胞に対して，韓国への再入国および合法就労を保障する政策を打ち出した．その結果，2005 年 3 月から 5 月までの 3 カ月だけでおよそ 6 万人の朝鮮族不法滞在者が帰国し，6 カ月後の 2005 年の 9 月から韓国への再入国を果たした（吉林新聞 2005 年 10 月 22 日）．また，2005 年から 60 歳以上の朝鮮族なら誰でも申請可能な「高齢同胞故国訪問ビザ」を発給する政策を実施した．これにより，韓国に縁故をもたない多くの朝鮮族の老人たちがブローカーの介入なしに簡単に韓国入りを果たすようになった．

無縁故就業政策による大規模訪問就業

　2007 年 3 月 4 日，韓国政府は「外国人勤労者の雇用等に関する法律」の改定にともない，中国朝鮮族および旧ソ連の高麗人[注6]に対して「訪問就業制」を実施す

ることにした．いわゆる「訪問就業制」とは韓国に縁故のない人でも満 25 歳以上で「韓国語実務試験」（B-TOPIK）に合格し，抽選に当たれば韓国に入国して就労する訪問就業 H － 2 ビザを獲得できる制度である．しかも，5 年のビザ有効期限内は自由に中韓両国を行き来できるのである．その後，2011 年からはおよそ 7 回に渡って行われた「実務韓国語試験」が廃止され，さらに 2012 年からは25 歳以上の朝鮮族なら誰でも抽選に応募できるようになった．

　そして，2012 年 4 月から韓国国内理工系専門大学卒業者と韓国内外 4 年制大学の卒業者，および韓国内公認国家技術資格所持者に在外同胞 F － 4 ビザを発行する制度を導入し始めた．この F － 4 ビザを獲得すると，3 年を周期に無期限反復更新が可能になるだけではなく，自営業の展開や子女の短期呼び寄せも許される．したがって，この「訪問就業制」の実施により中国朝鮮族における韓国出稼ぎは新たな局面を迎えるようになった．

　まず，主に不法仲介業者に高額の仲介費を支払い，不法ルートで行われていた韓国出稼ぎがわずか数千元の必要経費のみで実現可能となった．

　次に，過去十数年来その不法的身分故に仕事場で差別されたり，再入国が保障されないため家族との長期的離散を余儀なくされたりしていた朝鮮族の出稼ぎ者たちに合法的身分を与え，自由な往来を保障した．とくに，出稼ぎ労働者の家族成員の呼び寄せまでは許可してないものの，少なくとも国内の家族に緊急事項が発生したり，帰国したくなったりしたときに，いつでも自由に行来できるようにしたことにより，家族間の紐帯はある程度強化され，トランスナショナルな移動はその持続可能性を付与されたのである．これは朝鮮族の国境を越える移動に「トランスナショナリズムが強調する，空間を『行ったり来たり』（to-ing and fro-ing）する」（ブレンダ 2007：149 頁）特徴をより鮮明に付与しただけではなく，「季節労働」（seasonal LAbor）や「遠隔母性」など新たな移動形態とトランスナショナルなネットワークの形態を生み出したのである（キム・ヒョンミ 2009）．

　こうしてみると，1990 年代以降韓国への出稼ぎ移動は中韓両国の政治・経済・外交関係と制度など諸要素が複合的に絡まった影響を受けてきた．そして，結果的には，個人単位の移動が主な移動形態となり，家族成員の分散居住は避けられない現実となったのである．また，韓国における関連政策の改善にともない，朝鮮族の国境を越える移動はトランスナショナルな性格を鮮明にもつようになった．

3　トランスナショナルな家族を生きる——越境を支える家族の営み

　ここでは具体的な事例分析にもとづき，子どもの養育と老親扶養という二つの最も重要な家族機能の遂行において，既存の家族・親族理念がどのような実践と逸脱を見せながら家族成員の持続なる越境を支えているのか，そして人々はそれらについて如何なる解釈を行っているのかを考察していく．

子どもの養育をめぐる家族の戦略

　前述の通り，朝鮮族の海外出稼ぎは個人単位の移動が主である．また，子どもを連れていくと「思う通りに働けない」，「お金を貯めることができない」のと「子どもには中国で教育を受けさせたい，中国の基礎教育はしっかりしているし，中国の方がもっと将来性があるから」という経済的・教育的戦略から親が単身あるいは夫婦で海外に赴き，子どもは国内に残されるのが一般的である．たとえば，延辺日報によると 2011 年 11 月現在延辺朝鮮族自治州で片親あるいは両親と同居しない学齢期の子どもの数が 3 万人余りであるが，これは自治州全体の学齢期子ども総数のおよそ 50％以上に相当する数字である．また，筆者が 2013 年 3 月に行った延辺第一高級中学校における質問調査の結果でも，一年生 302 人のうち，片親あるいは両親とも現在海外・国内大都市で出稼ぎ中の学生が 144 人と，およそ 48％に達する．

　では，親が出稼ぎに行き，子どもと離れて暮らす場合，伝統的観念において子どもを養育すべき人と場所とされてきたのは家族・親族のなかの誰の家であり，それが実際にはどのような実践と逸脱をみせているのか．

　朝鮮族の親族名称では韓国と同じく，父の生家を「親家」（チンーガ），母の生家を「外家」（ウェーガ）と呼び，父方の祖父母を「親祖父母」（チンーゾブモ），母方の祖父母を「外祖父母」（ウェーゾブモ），息子の子どもを「孫子・孫女」（ソンザ・ソンニョ），娘の子どもを「外孫子・外孫女」（ウェーソンザ・ウェーソンニョ）と呼んでいる．

　親が海外出稼ぎを決めた際，残される子どもの養育の引き受け役として優先されるのは父方の祖父母である．「〇氏家門の子孫であるから」という父系観念が潜在的に働いた結果，親祖父母はたとえ無理をしてでも孫たちの世話をせざるを

得ない．また，多くの親祖父母たちが「我々親が経済的にあまり支援できないから，若い人たちが外に出て苦労してお金を稼ぎたいなら当然支持するべきだ」という心構えで自ら進んで孫の養育を引き受ける．

　こうした子どもの養育における父系観念の拘束力は，朝鮮族の海外・国内の大都市への大移動の前にも多く見受けられていた．夫方居住という規範もあって，農村では農作業に忙しい親，都市部では共働きの親に代って，同居する親祖父母が孫の世話をするのが一般的であった．また，子どもたちと別居していても娘の子どもよりは息子の子どもを優先して世話するべきとされる．

　　【事例②】　L・A氏（1946年生まれ）夫婦は2011年7月生まれの孫娘を育てている．長男夫婦は2010年1月に訪問就業制の試験に合格，抽選に当たり，韓国に行った．しかし，韓国に渡ってすぐ妊娠したので嫁は帰国して孫娘を出産し，1年後再び韓国に戻った．子どもは本来親祖母に任せることにしたが，祖母一人では大変だろうと思い，子どもの誕生日に合わせて当時韓国で出稼ぎをしていた祖父であるL・A氏が帰国することに決めた．L・A氏は2008年に高齢同胞[注8]として韓国に行き，養豚場で月給90万ウォン（約5400元）の収入があったにもかかわらず，孫娘のために帰国を決心した．一方の外祖父母は韓国で働いているが，なぜ外祖父母には任せないかと聞くと「我々は親祖父母だから」と答える．

　この事例のように，朝鮮族の間では，孫の世話をするために海外の出稼ぎ先から帰国する祖父母，とくに祖母達の数が少なくない．子どもの利益を優先する親心を窺わせる．また，帰国せず自分が孫の世話をしない代わりに，子どもの養育費用を全部負担する祖父母もいる．子どもの養育において親祖父母の次に優先されるのが，母方の祖父母である外祖父母である．外祖父母が孫の養育を行う場合，親祖父母が健在であれば，常に電話をかけて嫁の親である「サドン」に挨拶と感謝の言葉を言わなければならない．また，子どもの誕生日や毎年6月1日の「児童節」にプレゼントや現金をもって訪問した方が賢明であるとされる．言い換えれば，親祖父母として「我が○氏家門の子孫を代わりに養育してくれてありがとうございます」という主旨の何らかのアクションを取らなければ，「サドン」に

はもちろん嫁にまで悪い感情を抱かせることになる.

　【事例③】　K・D 氏(女性, 1943 年生まれ)の場合, 2000 年から 2009 年まで, 韓国に出稼ぎに行った娘夫婦のために, 外孫の世話をしていたが, この 10 年間龍井市に住む親祖母は毎年欠かさず「児童節」と孫の誕生日に 500 元の現金をもって, 孫と「サドン」を訪問していた. これに対して, K・D 氏は「サドン」から賞賛の言葉と現金を受け取るたびに「私の孫でもあるから, 当然のことをやっているのに恐縮です」としながらも, 心のなかでは「孫の養育をサドンに認めてもらってうれしかった」という.

　父系親族を基礎にする朝鮮族の親族関係において, 前述の母の生家である「外家」(ウェーガ)と妻の生家である「妻家」(チョーガ)はそれぞれ婚姻によって結ばれた関係であることから, 「姻戚」(インチョク)と称する. そして, このような姻戚関係は父系血縁を有する宗族と厳密に区別される二次的存在であるとされていた (李光奎・末成 1973：75 頁). 単に情緒的側面からみる場合, 娘と母親の関係は緊密な情愛により結ばれているために, 女性たちは自分の親に子どもの養育を任せたいと思っているし, 実際に多くの子どもたちが「外家」で育てられている. それにもかかわらず, 子どもの養育者をめぐる問題でみせる女性たちの言動はかなり矛盾するところが多い. 心のなかでは自分の親に子どもを預けたい願望が強い一方, いざそうなったときには「責任を放棄した」義理の親への不満が噴出する. 言い換えれば, 親祖父母が孫を育つのは「当たり前のこと」で, 外祖父母の場合は「しなくても構わないことをやってくれるので感謝すべき」ことと考える. このような女性たちの心理的葛藤はまさに父系的規範の実践と乖離に対する迷いからくるものではないかと考えられる. つまり, 「外孫も自分の孫だから可愛い」, 「自分の親に任せるのが気楽だ」などと思い, また実際に子育てを実践する反面, 上記の事例にも頻繁に登場する「〇氏家門の子孫」という言葉に現れるように, 人々の意識のなかに深く根ざしている血縁の原理が彼／彼女たちの言動にかなりの影響を与えているといえる.

　一方で, 父と母両方の祖父母の次に, 海外に行く親が選択する養育者としてキョウダイと女性の親戚が選ばれるが, なかでも夫のキョウダイよりは妻のキョウダ

イ，とくに姉妹が多数を占める．これも前述のように，女性と実家との情緒的結びつきと性別役割分担観念に起因するが，両方の祖父母の不在あるいは高齢や健康上の理由などで孫の養育を負担できない場合に結成される新たな子育ての同盟関係でもある．

　【事例④】　C・Y氏（1963年生まれ）は2003年にロシアに行ったが，夫が酒と賭博好きで仕事もろくにしなかったので，16歳になる娘を姉に預けた．娘は大学に進学するまでの高校3年間オバの世話になり，時折自分の家に戻って父親と会っていた．C・Y氏は娘の生活費と学費，それに姉への感謝の意を込めた十分な金額を姉宛てに送り続けた．夫は2005年にロシアに行ったが，それまで夫には送金したことがない．なぜ夫のキョウダイではなく，自分の姉に子どもを預けたかと聞くと，「別にこれといった理由がない，姉と仲がよいから預けただけ」と答える．

　この事例のように，両家の祖父母に子どもを預ける条件が整ってない場合，最も優先されるのが母親の姉妹である．そして，その理由を聞くと「仲がよいから」というごく当然であるような表情と答えが返ってくる．つまり，子育てにおける父系理念の拘束力は祖父母の世代にまで有効であり，祖父母以外の親族に子どもを預ける場合は，むしろ母親のキョウダイ，とくに姉妹を選好する傾向がある．

　閻云翔は中国北部農村における漢族の親族を考察するにあたって，親族理念と実践との間には乖離が存在していると指摘する．そして，その乖離は理念的に重視すべきとされる親族と実際に親密な交際が行われる親族とが異なる場合に顕著に現れるとする（閻云翔 2012：133頁）．

　確かに，父系出自を重視する朝鮮族の家族・親族理念のもとでも，既婚の娘はチプの継承や財産の相続，老親の扶養などの権利と義務の外側に位置づけられているため，その娘たちを介して姻戚関係を結ぶことになる婿同士には実の兄弟にみられるような根本的利害衝突が生じ難く，より気楽な交際を行うことができる．それに，姉妹の情緒的親密性により，婿同士の連携と協力は妻たちの支持を得られる確率が高いため，既婚姉妹はその夫を含めて最も親密な関係を保つことにな

る．したがって，上述の姉妹による子どもの養育もこのような脈絡で理解すると
より簡単に納得できるだろう．また，この事例のように夫がまともに父親と夫と
しての役割を果たしてない場合に，夫の実家との関係も疎遠になるしかない．

　　【事例⑤】　K・B氏（女性，1932年生まれ）の三男夫婦は1999年に韓国に行っ
　　たが，当時11歳であった娘の養育を妹（K・B氏の長女）に任せた．長女
　　は大変親孝行で，二人の兄（次男は1988年に亡くなった）の妻たちとも仲
　　がよい．常に義理の姉の立場で思い，親と嫁との間でよい調整役をしてきた．
　　長女は延吉市の市場で化粧品の商売をしていたが，事業拡大のため忙しく
　　なり，5年後の2004年から2012年までの7年間は祖父母であるK・B氏
　　夫婦が孫娘の世話をするようになった．そして，その7年間も長女は日常
　　の買い物から学校の父兄会への出席に至るまで親と姪の頼もしい後見役を
　　果たしていた．2012年7月に大学を卒業した孫娘が婚約者とともに韓国に
　　行き，さらに10月には韓国で結婚式を挙げることになった．K・B氏と長
　　女は三男夫婦が手配してくれた航空券で飛行機に乗り，結婚式に参加した
　　が，新婦の親による挨拶のなかで，三男の嫁は「娘は祖父母とオバの手で
　　育てられた，この日があるのは皆祖父母とオバのお陰です」と何度も感謝
　　の言葉を述べていた．

　「小姑一人に針が四包み」（小姑一人は鬼千匹にあたる）という諺があるように，
夫の姉妹は嫁と舅姑，とくに姑との間に不仲を唆す存在としてあまり好まれない
のが普通である．そのため，昔は縁談のとき，一人の男性に姉妹が多いとその男
性の結婚は難しいものと判断される場合も多かった．しかし一方で，同じ女性と
いう立場から兄弟の妻に対する十分な理解と配慮を備えた賢明で物わかりのよい
小姑がいないわけではない．この事例の小姑のように，嫁と姑との不仲を煽ぐど
ころか，却って自分自身，親と兄弟の妻との円滑な関係の構築に尽力する人も少
なくない．
　また，①兄弟の子どもと自分とは同じ血縁で結ばれているという血縁原理にも
とづく愛情と，②兄弟の子どもに良くすることで，将来兄弟の妻も自分の親に優
しくするだろうとの親への愛情から，兄弟の子どもの養育を引き受ける小姑も多

い．ただし，ここで注目すべきは夫の兄弟あるいは自分の兄弟に子どもの養育を頼むケースは無に近いことである．それには，前述の兄弟の間に生じ得る一連の権利と義務をめぐる利害関係も一因になるだろうが，何より重要なのは夫の姉妹がもつ血縁にもとづく愛情が子育ての直接的担い手である兄弟の妻には欠けているためであるといえる．そして，これは母親自身の兄弟の妻にも当てはまることである．また，兄弟の妻はそのような小姑の子どもに対する愛情が欠けていることに加えて，自分の親に対する扶養義務を背負っているとされるため，それ以上の迷惑を掛けまいと考える人が多い．

　また，稀ではあるが，親やキョウダイなど近い親族に頼ることができない場合，学校の教師あるいは親戚のなかで信頼できる女性に子どもを預けるケースもある．

　　【事例⑥】　K・R氏（女性，1973年生まれ）は夫婦で韓国に行った．両方の親とキョウダイ共頼れる状況にないため，小学校2年生であった娘（2001年生まれ）を2009年から担任の女性教師に預けることにした．先生に預ける決定をしたきっかけは同じクラスの他の親から先生がすでに一人の子どもを預かっていると聞いたことである．先生に預けると，子どもの生活はもちろん勉強の面でも任せられるので安心できるので，できれば小学校を卒業した後も，引き続きお願いしたいという．先生への報酬は子どもの生活費を含めて一カ月あたり3,000元を渡しているが，半年分を一括で払っている．

　以上のように，親の海外移動にともなう子どもの養育者の優先順位は，①伝統的理念とのかかわり，②母親との情緒的親密度，③母親との信頼関係，などの諸要素にもとづき，①祖父母，②母親の姉妹，③父親の姉妹，④女性の教師や親戚の女性のように定められる．

　そして，送金，コミュニケーションなどの国境を越えて展開される親と養育者間の協力と連携を通して，ややもすると疎遠しがちな既婚の親子・キョウダイ関係がより緊密な協力関係に構築されていくのである．

　なお，子どもたちの養育の在り方においては，乳幼児期と学齢期でその関心の

内容が異なってくる．乳幼児期の子育ては，主に祖父母による世話と海外・国内大都市にいる親たちによるミルクを始めとする子どもの生活用品の選定・購入と調達といった，国境・地域を越える子どもの成長中心の協力関係によって行われる．一方，学齢期に入ると，海外にいる親，とくに母親と子ども・養育者・教師との密接なコミュニケーションと頻繁な往来にもとづく国境を越えた教育中心の子育てが展開される．しかし一方で，すべての協力関係がよい結果に繋がるわけではない．とくに，思春期の子どもたちに多発する問題群を前に，不和が生じ協力関係を打ち切らざるを得ないケースが少なくない．

国境を越えて遂行される老親扶養の実践

　朝鮮族の伝統的観念においては，長男が老親と同居し親を扶養することが規範とされていたが，朝鮮族社会では事実上 1980 年代末からすでに親子二世帯の同居が減りつつあった．その理由としては生活水準の向上と平均寿命の延長にともない，多くの老人たちに既婚の子どもとの別居を選択し，互いに自由な生活空間を保ちたいという願望が強くなったことなどが挙げられる．ただし，いくら別居と言ってもそれは同一地域や近隣地域あるいは国内の別地域間での別居であって，自由に行き来できるため子どもはいつでも親の身の回りの世話をすることが可能であった．また，老夫婦の片方が先に亡くなったり，健康に異常が生じたりする場合の行き場所としては依然として長男の家が優先されるのが一般的であった．たとえ事情により次三男と同居の場合でも，長男は自分の代わりに親の世話をする弟に何らかの形で責任をとるし，次三男の方も「兄の役割を代わりにやるのだから」という考えで遠慮なく兄からの援助を受け取る．そして，次三男と同居しているのに長男から何のリアクションもない場合は「長男のくせに何もしない」，「長男の資格がない」とされ，既婚のキョウダイの間に不和が生じかねない．しかし，海外移動が常態になった現在，既存の老親扶養の在り方に変化が起きるのは避けられないことである．

　では，トランスナショナルな家族における老親の生活，世話と介護はどのような形態で営まれているのか，その過程で伝統的規範はどの程度その拘束力を発揮し，また変容していくのだろうか．

　【事例⑦】　M・A氏（女性，1921年生まれ）には2男3女がいる．彼女は1979年次男（1952年生まれ）の結婚当時から1997年に夫が亡くなるまで次男世帯との同居を続けてきたが，2012年末に次男が妻の後を追って韓国に行った後，末娘と生活するようになった．長男（1943年生まれ）は大学の教授を務めていたが，定年後も上海のある大学に招かれ仕事をしている．長男が結婚した当時はまだ下に未婚の子どもが4人もいたので，長男との同居が不可能であったが，その後は夫が農村を離れたくないといい，ずっと村に残って生活した．M・A氏の扶養における子どもたちの役割分担は次のようになる．同居している末娘が母親の世話をし，経済的部分については，長男が月3,000元の生活費とその他の医療費すべてを負担し，次男夫婦が毎月1,000元を，また現在韓国で出稼ぎ中の次女夫婦も毎月1,000元の金額を送金する（長女は2007年に死亡）．

　1990年代中盤以降本格的に始まった朝鮮族の国内外への大規模労働力移動は，比較的近い地域内に集中していた親子・キョウダイ関係に大きな変化をもたらした．子世代の長期に渡る出稼ぎにより，高齢で身動きが困難になったり，重い病気になったりした老親の食事・洗濯などの日常的世話や，病気の介護などの身体的扶養が既存の形態通りに実践され難くなってきた．そこで最も典型的パターンとして現れたのが，海外および国内の遠く離れた大都市に滞在するキョウダイと，親の近くに残っているキョウダイ間の老親扶養をめぐる新たな関係性の再編である．

　そして，その新たな関係性は経済的扶養と身体的扶養を二つ以上の場所に分けて分担させる形として現れる．つまり，離れて暮らすキョウダイが経済的部分を負担し，同居するキョウダイが介護を含む身体的扶養を負担するのである．また，経済的扶養には実際に親の世話をするキョウダイへの「辛苦費」（苦労に対する報酬）も含まれる場合が多く，彼らがお金に困らないように細心の注意を払う．それは，ある意味では自分たちが安心して出稼ぎを続けることを可能にするための，一種の「安全装置」とでもいえよう．と同時に，経済的な負担より同居生活にともなう日常的世話や介護の方が，精神的にも体力的にも大変であることを十分承知した上でのキョウダイへの真心の配慮でもある．

　たとえば，この M・A 氏事例の末娘は夫が 2012 年に肝臓癌で亡くなるまでは，公務員であった夫の退職金で生活をしていたが，本人は無職であったため夫の死亡と同時に収入源が断たれることになった．日本にいる長女からの経済的支援はあるが，やはり自分で老後資金を稼ぎたいと思い，韓国行きを考えていた．そこに，母親の願望と兄の説得で母親の世話をすることに決めたが，長兄を始めとする他のキョウダイたちは韓国で稼ぐほどではないけれど，それに近い金額を彼女に約束したのである．

　しかし，この形態の老親扶養がすべての家族において調和的に営まれているわけではなく，経済的扶養の金額や介護をめぐるキョウダイ間の争いもしばしばみられる現象である．したがって，このような協力関係の形成・維持には，親子・キョウダイ間の親密な関係性が大きく働いており，互いの配慮と気遣いは欠かせない前提となる．その意味で，老親扶養をめぐるキョウダイ間の協力は，ともすると疎遠になりがちである既婚のキョウダイ・親子間の情緒的親密性を強化させる動態的過程であるといえよう．

　そして，長期に渡る海外移動が生み出したもう一つのパターンが祖父母が孫の世話をすることと連動する「扶養の交換」である．すなわち，子夫婦の出稼ぎにより，それまでは別居していた祖父母と孫が子夫婦を除外した「祖孫世帯」を結成し，生活費の調達を始め，ケアや介護に至るまで老親の扶養とセットになるのである．この場合，祖父母と孫からなる世帯における生活費はもちろん医療費，家賃，暖房費用^{注9}など高額の出費は皆孫を預けた子が出すのが暗黙の慣例となっている．とくに，老親に退職金がなく老後の準備が整ってない農民や都市部の低所得層の場合，このような経済的問題はよりデリケートになってくる．さらにいえば，労働力を喪失し，子どもたちの援助によって生活していくしかない老人たちにとって，孫の世話を通じた生活費の獲得はそのような養育労働なしにただ扶養を受けるよりは面目の立つことでもある．

　ただし，長男を含む数人の息子が同時に出稼ぎに行っている場合，基本的には長男の子どもを優先して世話すべきとされる．そして長男の子どもではなく次三男の子どもを預かる場合，長男夫婦は何らかの形で長男としての責任の放棄を宣言する．つまり，終末期の同居や介護を含む老親扶養の責任を放棄せざるを得ない旨を，直接でなくても親に対する残念な気持ちや不満を時折こぼすことにより

表出させるのである．また，周りからは「親としての仕打ちが妥当でない」と評価される．これは息子の子どもを世話しないで，娘の子どもを世話する場合に一層非難を浴びることになる．そのため，子どものなかの誰の子を世話するかは老親の最後の去就にかかわる重要な事案であると同時に，ややもすると既婚のキョウダイ間の不仲を引き起こす火種になりかねない敏感な問題でもある．

【事例⑧】 C・M氏（女性，1945年生まれ）には二人の息子がいる．次男は大学の教師であったが，学位取得のため夫婦で韓国に渡り，4歳になる孫はC・M氏が7年間養育することになった．次男夫婦が韓国に行くとき，長男もすでに結婚し，延吉市で小さな飲食店を経営していたが，子どもはいなかった．2004年に長男夫婦は娘を出産し，2006年には韓国に出稼ぎに行くことになった．孫娘が生まれたとき，一カ月ほど次男の家で長男の嫁と新生児の世話をしたが，その後は長男夫婦が住み込みの保母（ベビーシッター）を雇って子育てを行った．また，長男夫婦が韓国に行くときにも次男の子どもがいるため，長男の子どもを預かることができず，嫁の親に預けられた．

　長男夫婦は母親にかなりの不満をもっている．その一つに，次男夫婦が韓国に行くときに母親に子どもを預けることを長男である自分には相談しなかったことと，もう一つには，自分の子どもが生まれたのが後だから母親に預けることが不可能であったことは理解できるが，それにしても母親が次男の子どもばかり可愛がっていて，外家で育つ長男の子どもには全然関心がないことの二点であった．一方，C・M氏自身も「長男にはしてあげたことがないから，何も言えない」と語る．

　このように，孫の養育と老親の扶養は交換性をもつものとして認識されている．上述の事例での長男の不満はまさにこのような理屈への乖離に対する葛藤からくるものである．本来なら母親は次男の子ではなく長男である自分の娘を養育すべきであるが事情によりそれができなくなった，それでも自分は長男であるが故に母親を扶養する責任を負っている，という長男としての責任と「権利」の懸け離れた現状への不満がついには母親扶養責任放棄にまで繋がったのである．

　上述の二つのパターンの他にも，親が元気なうちは別居し経済的扶養だけを行う形態，配偶者を亡くした父親を再婚させることで身体的扶養を回避し経済的扶養だけを行う形態，など多様な老親扶養形態が現れるようになった．

　一方で，朝鮮族の女性たちは海外出稼ぎにおいても「移動の女性化」といわれるほど活躍しており，そのような経済力の上昇に親との情緒的親密性とが相まって，老親扶養の場面でも大いに実質的役割を果たしている．

　ただし，老親扶養は息子，とくに長男の責任という規範の拘束力は未だに強く働いており，それは基本的に長男との同居を固持するところにみてとれる．たとえば，親の終末期を次三男あるいは娘の家で迎える場合には上記の事例のように，必ずといってよいほど長男の家ではない事情についての説明が付随するが，長男と同居の場合はその必要がなくなる．また，実質的な経済的扶養や身の回りの世話，介護などが娘中心で営まれていても，息子と同居さえしていれば表面的には息子が老親扶養の責任を果たしたことにされる．娘たちは自分がいくら親に尽したとしてもそれは親に対する情愛と老親扶養の重い責任を担う兄弟を助けたいという思いから取るべき行動であると認識している．

　つまり，老親扶養において長男が果たすべきとされる責任と役割に対する人々の認識と期待，そして長男の自覚は，たとえ個人差はあるとしてもいまだにその拘束力を発揮しており，人々の扶養実践を規定するということである．そして，ここで取り上げたいくつかの事例が抱えている親子／キョウダイ間の矛盾と葛藤は，まさにこのような規範からの乖離に対する心理的葛藤の現れであると考えられる．

4　家族の持続なる越境を可能にするものとは

　以上では，吉林省延辺朝鮮族自治州における事例をもとに，家族のライフストーリーいう視点から中国朝鮮族の国境を越える移動について再考してきた．本章の考察からは，朝鮮族の海外移動にともなう家内的諸機能の遂行，とくに子どもの養育と老親扶養の実践が越境者と国内・故郷に残される家族・親族（主には家族）間の緊密な協力によって行われ，またそれが返って彼らの長期的な越境行為を支える内在的原動力となっていることが明らかになった．

18

　国境を越えて展開される家族の諸機能の遂行において，既存の家族・親族理念
の規範性は未だ有効であるといえる．しかし他方で，伝統的理念が一様にそのま
ま役割を果たすわけではなく，与えられた政治・経済・社会的諸条件の下，それ
を自分に有利に援用したり（事例③，事例⑤），相手の行為を規制する手段に利
用したり（事例③，事例⑧），規範と乖離した自らの行為に適当な再解釈を加え
る（事例④，事例⑦）ことで正当性を付与したり，というように人々の実践のな
かで再構成されるのである．たとえば，子どもの養育者の選択における「親家」
と「外家」それぞれの責任と義務に関する父系規範の実践と乖離，老親扶養の役
割分担における直系理念の実践と乖離，およびそれに対する人々の態度から，伝
統的規範が調整や妥協を重ねながら再構成されていくことが垣間みられる．そし
てまさにそこに，朝鮮族家族の「文化的持続と変容」の共存の理由があるといえる．
　朝鮮族の家族が現在ほど社会的関心を浴びることはなかった．「なぜ今，この
時期に」と考えてみると，その最も大きな理由とは，ここ30年間朝鮮族の激し
い国境を越える移動にともなうさまざまな変化が家族生活の隅々で顕在化し，そ
れに起因する矛盾や葛藤が社会的な問題として重視されるようになってきたから
であろう．
　周知の通り，家族は私的領域であると同時にそれを取り巻く諸状況の公的領域
の影響を最も直接的に反映する領域でもある（キム・クワンオク 2002：324 頁）．
すなわち，家族の変化は所与の状況との間で展開される戦略的かつ選択的反応で
あるといえる．しかしながら，これまで中国国内では海外移動による人口流失，
家族成員の分散や留守子女の教育問題，国際結婚の増加と離婚率の上昇など民族
社会の危機論とも結びつける話題性の高い社会問題に焦点を当てたメディアの報
道資料は数え切れないほど多い一方で，そのような移動を重ねる家族に寄り添い，
彼らの価値意識や葛藤，およびその具体的生活実態に迫ろうとした人類学的研究
はほとんどない．その意味においても，本章の研究はある程度有意義な試みであっ
たと思われる．

注
1）本章は筆者が 2013 年に東北大学に提出した博士論文の一部を改稿したものである．
2）満州事変．

3）1945 年 8 月 15 日の第二次世界大戦の終結にともなう朝鮮半島の日本からの独立を意味する．

4）韓国政府は，1984 年 11 月から親戚訪問ビザ保持者に対して 6 か月の在留期間を許可した．

5）いわゆる 3D とは難しい－ Difficult，汚い－ Dirty，危ない－ Dangerous の略称である．

6）ロシア，ウズベキスタン，カザフスタン，ウクライナ，キルギスタン，タジキスタン地域の朝鮮移住民の後裔．

7）韓国語を母語としない外国人や海外同胞を対象に行う韓国語能力テスト．その内容は主に就業に必要な韓国語である．

8）2005 年より韓国政府は韓国に縁故の有無に関係なく，60 歳以上でさえあれば「60 歳以上高齢同胞故国訪問ビザ」を発給する入国政策を実施した．この高齢同胞政策により，旅行社に 800 元ほどのビザ発給の代行費用を払うだけで，韓国に入国できたため，多くの朝鮮族の高齢者が韓国に渡って働くようになった．

9）朝鮮族が集中して暮らす東北地方は毎年の 10 月から翌年の 4 月までの 6 カ月間はすべてのマンションに暖房を供給するが，その費用は 1 ㎡当たり 28 元から 31 元の間で一括払いを原則とする．

文献一覧

朴光星（パク・クワンソン）
　　2006「中国朝鮮族：社会変化とジェンダー」，中国朝鮮族研究会編『朝鮮族のグローバルな移動と国際ネットワーク──「アジア人」としてのアイデンティティを求めて』，東京：アジア経済文化研究所：139-152 頁．

ブレンダ・ヨ
　　2007「女性化された移動と接続する場所」，伊豫谷登士翁編『移動から場所を問う──現代移民研究の課題』，東京：有信堂高文社：149-170 頁．

李光奎，末成道男
　　1973「慶尚北道百忍・中浦両部落調査予報──とくに家族・親族について──」，『東洋文化』53（韓国農村調査　特集）：41-78 頁．

김광억（キム・クワンオク）
　　2002「국가와 사회 , 그리고 문화 가족과 종족연구를 위한 한국 인류학의 패러다임모색」，『한국문화인류학』35-2：303-336.

김현미（キム・ヒョンミ）
　　2009「방문취업 재중 동포의 일 경험과 생활세계」，『한국문화인류학』42-2：35-75.

国務院人口普查辨公室，統計司編
　　2012『中国 2010 年人口統計普査資料』上中下 , 北京：中国統計出版社.

阎雲翔（陆阳 等译）
　　2012『中国社会的个体化』，上海译文出版社.『延辺日報』，2011 年 11 月 10 日．

第2章　なぜ彼らは海外を目指したのか

中国福建省の不法移民のライフストーリーから

兼城 糸絵

Kaneshiro, Itoe

1　本章の射程

　本章の目的は，不法移民として日本に渡った人々のライフストーリーを分析し，彼らが高いリスクを犯しながらも海外に出ることを選んだ理由を明らかにすることである．筆者の調査地がある中国福建省は，明代頃から主に東南アジア方面へ移民した人々が多い地域として知られている．とくに，初期の移民はほぼ身売りのような形で異郷へ渡って行ったケースも多く，悲惨な歴史とともに語られることが多い．このような移民は，貧困や人口圧，情勢不安といった送り出し側の事情（プッシュ要因）と，植民地化にともなう世界的な労働市場の拡大によって生じた労働力不足という受け入れ側の事情（プル要因）が絡み合って起きたといわれている．その後の中国は王朝の崩壊や中華民国の設立，国共内戦などといった幾多の変化や混乱を経験してきたが，海外への移動自体は連綿と続けられてきた．中華人民共和国の成立以降，とくに急進的な社会主義政策の実施にともなって海外へ向かう動きはいったん弱くなったが，1970年代末から始められた改革開放政策を契機に再び大量の移民が世界中へ渡っていくこととなった．

　筆者の調査地である福建省福州市（以下，福州と称する）は，とくに改革開放以降に多くの人々が出国したことで知られている．荘国土によると，第二次世界大戦以前の中国における国際移民の送り出し地域は主に福建省南部の閩南地域と広東省であったが，改革開放期以降には福州や温州が主な送り出し地域となったという（荘 2006：42頁）．荘らの調査によると，福州からの移民の総数は70万

～ 80 万人，そのうち不法移民として渡航した人々が約 40 ～ 50% にものぼった（荘 2006：39 頁）．このような不法移民は，悲劇的な事件が続発したこともあって世界の注目を集めることとなった．たとえば，2000 年 6 月にイギリスのドーバー港で起きた福清人密航者大量死事件のように，劣悪な環境におかれた大勢の不法移民たちが死に至ったケースが世界の各地で報告された．事態を重くみた中国政府は当然不法移民を阻止するべくさまざまな方策を講じたようだが，その監視の目を掻い潜るかのように不法移民は続けられてきた．

　本章でとりあげる日本へ向かう移民については，福建省福清市出身者を対象とした研究が多数行われている．福清は福州の隣の地域であるが，清代末期より多くの人々が日本へ移住したことで知られており，現在もその子孫たちが日本の各地で暮らしている．その一方で，1980 年代以降には不法移民として日本に渡る者も少なくなかった．たとえば，施雪琴は福清で改革開放以降に起きた移民の要因を，生活水準の向上といった理由のほか，この地域にみられる開拓精神や移住をサポートするようなネットワークの存在を挙げている（施 2000）．彼らの移住過程については歴史学・社会学的視点から考察した許の研究（許 2005）が挙げられるが，他にも，とくに福清（僑郷）側の社会的経済的状況に留意しながら，移民の送出要因や僑郷の変容について扱った報告もみられる．たとえば，山下らの研究（山下 2014）は地理学的な立場から僑郷の地理的・経済的事情を踏まえたうえで，老華僑との関係も考慮しながら移住に至る背景やプロセス，故郷に与える影響について総合的に論じている．

　以上の研究では，改革開放期以降に生じた移民の主たる動機として経済的な理由が挙げられている．確かに「貧しさ」は，人々を別の場所に移動させるひとつの動機となる．しかし，その一方で果たして現代の中国社会で「貧しさ」という理由だけで人々がリスクをともなう移動を行うのだろうかという疑問も生じてくる．とくに，近年（2010 年以降）の中国では生活状況が格段に向上しており，わざわざ海外に出なくとも国内でそれなりに安定した生活を送っていくことも可能なように思われる．実際に筆者が調査を行った農村地域でも，村での生活に満足している人々も少なくない．しかし，それでも不法移民として生きる道を選択する人々は後を絶たなかった．このような状況を踏まえると，もはや経済状態のみを根拠として移動の理由を語るには不十分だともいえる．

　そこで，本章では，日本へ不法移民した経験をもつ者のライフストーリーを軸にしながら，彼らが海外に向かう理由について考えてみたい．紙幅の関係上ライフストーリーという概念をめぐる議論を概観することはできないが，本章ではライフストーリーを「個人が生活史上で体験した出来事やその経験についての語り」（桜井・小林 2005：12 頁）とし，かつその「語り」は過去のある出来事を想起し言語化していくことによってつくられる「物語」として捉えたい．このような「物語」は語り手と聞き手が対話していくなかで形成されるが，両者の関係性やインタビューの状況に応じて時に虚構や過大表現などが含まれている可能性もある（それは本人が意図的に嘘をつこうとした訳でなくとも起こりうる）．それゆえ，インタビューの場で語られる人生のかたちは，「言語行為としての文化的慣習，聞き手との関係や社会的文脈によっても左右される」（桜井 2002：32 頁）ものだともいえる．本章で提示するライフストーリーは，「中国南部の農村出身者であり日本に密航した経験をもつ者」の語りを「同じ村に住んでいた日本人であり研究者である私」が聞いたものでもある．インタビューの場を振り返ってみると，語り手が中国に対して否定的な表現をしたり，逆に日本に対して過剰に肯定的であったりするなど，ある種のステレオタイプ的な表現がされていることもあった（これは聞き手が日本人であることも関係しているかもしれない）．そのため，ライフストーリーとして何かを分析するためには，語りから一定の距離を置く必要があるのかもしれない．しかし，そうした過剰な語りも含めて，移民のライフストーリーを聞くことには一定の価値があるのではないかと筆者は考えている．以上の限界点も踏まえたうえで，移民が語る「物語」を通じて移住の動機について検討し，不法移民という「生き方」について考えてみたい．

　以下では，まず調査地である龍門村（仮名）について簡単に紹介したうえで，A 氏のライフストーリーを中心に記述していきたい．A 氏は 1976 年生まれの男性で，1998 年から 2008 年にかけて日本に滞在していた．また，本章では A 氏の経験を相対化するために，適宜別のインフォーマントの経験も紹介しながら記述していくことにする．

　なお，今回紹介するライフストーリーは，2011 年から 2012 年にかけて行った調査で得られた事例の一部である．筆者は当時不法移民した経験をもつ男女を対象にインフォーマルなインタビューを行っており，A 氏とはそのときのイン

フォーマントから紹介されて知り合った．A 氏にインタビューをする際には基本的に中国の標準語である「普通語」を用いたが，彼らが進んで日本語を使用するときもあったので，その場合はそれに合わせて筆者も日本語を用いた．

2　移民を送り出す村——龍門村の概要

　A 氏の出身地である龍門村は福建省最大の河川である閩江の河口付近にあり，福州の中心部からバスで一時間ほどの距離にある．河口付近に位置していることもあって交通の便がよかったことから，清代には交易や軍事の重要拠点として栄えた地域でもあった．民国期以降もマーケットタウンとして活発な経済活動が行われていたが，国共内戦や日中戦争期，そして社会主義革命期にはいったん経済の停滞期に入った．しかしながら，村には大きな市場もあったため，物流の拠点として常に人が集まる場所だった．そのような特徴をもつ龍門村が大きな変化を迎えたのは，改革開放期を迎えてからだ．龍門村を含む福州市の郊外地域では，1970 年代末から多くの人々が新天地を求めて出国していった．龍門村でも同様に，1980 年代頃から男性たちが出稼ぎ目的で海外へ向かっていった．A 氏は，まさに龍門村で移民ブームが高まりつつある環境下で幼少時代を過ごした．

　ここで，1980 年代から現在に至るまでの龍門村における海外移住の動向を簡単に紹介しておきたい．龍門村出身者の主な移住先はアメリカやカナダが最も多いが，日本も渡航先のひとつとして人気があった．しかし，日本は永住権が取りにくいことから，一時的に出稼ぎを行う場所として考えられていた．

　また，龍門村の場合，国外に親戚を持たない人々が大多数であったため，必然的に不法移民として出国する人が多数を占めていた．福州の場合，いわゆる「蛇頭」とよばれる集団がブローカーとなっていた．「蛇頭」に多額の渡航費用さえ払えば，さまざまな手段を使って目的地に渡航することができたが，渡航費用は高額であった．たとえば，1980 年代にアメリカへ行く場合には，約 2 万ドルもの費用が必要とされたといわれている．もちろん，多額の費用をすぐに用意できる家は少ないため，親戚縁者から借金して賄ったほか現地に到着してから移民本人が 3 〜 4 年かけて渡航費用を返済した．目的地に到達するまでブローカーがある程度世話をしてくれるが，不法移民は基本的に危険がともなう渡航方法に変わ

りはない．ときに，移動の途中で死亡したり，無事に目的地に到着できたとしても強制送還されてしまう場合も少なくない．しかしながら，無事に目的地に到着し，仕事がみつかりされすれば，中国国内で見込まれる収入の倍近い収入を短期間で得ることができた．その意味では，不法移民はハイリスクであるがハイリターンな移動方法だともいえる．本章でとりあげるA氏もそのような生き方を選んだひとりである．次節以降では，A氏のライフストーリーを中心に，龍門村出身者が不法移民として生きることを選んだ背景と移動のプロセス，そしてその移民の結果もたらされたものについて迫っていきたい．

3 村から日本へ

筆者が龍門村で出会った出稼ぎ経験者に最初に尋ねた質問は，「どうして日本に行くことにしたのか」というものだった．すると，彼らは口々に「生活が苦しかった」や「妻子を養うために」と答えた．たとえば，1960年生まれのあるインフォーマント（男性）は，「1980年代に結婚し仕事もあったのだが，収入が少なく家族を養うので精一杯だった．日本では収入が2倍にも3倍にもなると聞いたため，日本に行くことにした」と語っていた．彼らによれば，日本を選んだ理由としては，アメリカに密航するよりも距離が近いうえに，時給や労働環境もアメリカに比べてよいと聞いたからと答える場合がほとんどだった．

では，A氏の場合はどうだったのだろうか．彼の生い立ちから含めて，日本へ行くことを決めた背景を彼の語りをもとにみていきたい．A氏の実家はもともと小規模ながら商売をしていたこともあり，それなりに安定した生活を送っていたようである．しかし，彼が13歳の頃（1989年）に父がアメリカへ密航してから生活が少しずつ変わり始めた．

　　　僕には父と母，そして6つ上の姉が一人，4つ上の兄が一人いる．僕が小学生の頃，村は本当に人が多かった．僕の家が面している通りは，村のなかでも一番賑わっている通りで，隣近所はほとんど商売をしていた．僕の家の場合だと，裁縫が得意だった母が小さな縫製店をしていたときもあったし，ちょっとした食べ物を売っていたときもあった．休みの日になると

龍門村の人や近隣の村から遊びに来た人であふれていた．

　僕が 13 歳ぐらいの頃，父がアメリカへ行った．突然夜中に起こされて何だろうと寝ぼけていると，父親が僕の顔をなでてきて「儿子，爸走了啊」（息子よ，お父さんは行ってくるよ）と告げていなくなった．あのときは本当に寝ぼけていてなんだかわからないままだったけど，朝起きると父親がアメリカに行ったと聞かされた．それから 20 年近く僕は父親と顔を合わせることはなかった．父が家を出てから 1 年後，ようやくアメリカに着いたと聞いた．それからしばらくたって，僕が高校にあがる直前のある日，母親が当時高級品だった家庭用オーディオを買ってきた．オーディオには今でいうカラオケ機能もついていて，よくそれを使って歌を歌っていた．今思えば，あれは父からの仕送りで買ったのだと思う．

　A 氏の父親は出国時にすでに 40 代を迎えており，他の出国者に比べると比較的高齢での出国であった．そのため，A 氏の父親は当初出国することをためらっていたが，A 氏の母親（A 氏父の妻）の強い薦めもあって，密航を決意したという．のちに A 氏の父親に聞いたところによると，彼はアメリカ到着後にニューヨークのチャイナタウンなどで働いていた．村に残る家族には定期的に仕送りを行い，貯金を使って A 氏の兄をアメリカに密航させたという．そのため，父親もいずれは A 氏をアメリカに呼ぶつもりだったが，A 氏はそれを選択しなかった．では，A 氏はなぜ日本に行こうと考えたのだろうか．

　（筆者が「なぜ出国しようと考えたのか？」と聞くと）

　高校を出た後，連江（筆者注：龍門村から車で 30 分ほど離れた町）で働いていたけど，適当な仕事しかしていなくて，正直パッとしなかった．日本に行こうと考えたのは……とくに何か大きな目的とか考えとかあったわけではない．国外で働くことの大変さは，日本に着いてからわかった．ちょうどその頃にアメリカか日本に行こうとは考えていた．中国にはいい仕事もないし，稼げないし，それならば国外だな，と．父親と兄がすでにアメリカへ行っていたため，彼らからアメリカにおいでという話もあったんだけど，そのときに近所の人とか友人や親戚から「日本はいいよ，短時間で多く稼

げるし，他にもよい所がいっぱいある国だ」という話を聞いた．それもあって，日本に行こうと決めた．そのときは2年か3年働いたら帰ってこようと思っていた．「どうしても日本に行きたい」という強い気持ちはもっていたわけではなかった．ただ，稼ぎ先として偶然そうなっただけ．

　日本へはもちろん密航で行った．1998年のことだった．僕の場合は15万元（筆者注：当時のレートで約230万円）ほどかかった．日本に着いたとき，僕は22歳だった．中国から出るときは数人一緒だったけど，日本に到着したらそれぞれがそれぞれのツテを頼りに散っていった．

　A氏は連江で店の手伝いなど簡単な仕事をしていたようだが，それでもなかなか稼ぎのよい仕事にめぐりあえずにいた．福州で働こうとも考えたがこれだと思える働き先がなく，二の足が踏み出せなかったそうだ．そうしたときに近所の人々から聞いた海外での出稼ぎの話が，非常に魅力的に思えた．とくに，短い時間で多くの収入が得られるという点に惹かれたという．A氏の例に限らず，他のインフォーマントも知人や帰国者（多くは海外で財をなした「成功者」でもあった）などから情報を得て，密航を決めたパターンが非常に多い．このように，常に国外のことが身近な話題としてあがり，実際に現地を知っている者から話を聞けるという環境だったからこそ，このような決意が可能になったともいえるかもしれない．

　また，A氏の父親が妻に説得されてアメリカに密航したというエピソードについては，他にも類似の語りをいくつも聞くことができた．たとえば，現在村で養蜂業を営むあるインフォーマント（1968年生・男性）の場合，一度だけ妻にすすめられて密航を試みたことがあるという．彼自身は長らく養蜂業や果樹栽培をしていてそれなりに収入があったため，村で十分に生活していけると考えていた．しかし，あるとき「面子」を気にした妻が「いい年して，アメリカに行かないのは恥ずかしい」と彼を説得し，しぶしぶ密航を試みたのだという．結局彼は北京の空港で捕まりかけて，這々の体で村へ戻ってきたそうだ．ここからも，かつての龍門村では海外に行かないことはある種の「恥」として考えられていたことがわかる．

　以上を踏まえてみると，龍門村出身者が出国する理由にはやはり経済的要因が

大きいといえるが，近所や友人など身近な人々のなかに「成功例」があったということも彼らの行動に大きく作用している．また，「海外に行かぬは恥」という語りからは，龍門村ならではの社会的なプレッシャーも彼らの移動を後押しした可能性がみえてくる．

4　日本での生活──新たな社会関係の構築，労働，送金

　ここでは，日本での生活に注目してみたい．ほとんどのインフォーマントに共通していたことは，日本に到着した時点では日本語すら話せず，親類縁者はひとりもいなかったことである．最初の頃はブローカーがある程度世話をしてくれるが，それも長く続くわけではなかった．それゆえ，彼らは日本に来てから知り合った中国人たちの助けを借りながら生きることになった．Ａ氏も同様に，日本へ到着した直後は日本語もほとんど上達せず，仕事にも恵まれていなかったようである．

　　最初の２年は本当に辛かった．日本での生活には慣れてきたけど相変わらず日本語は下手だったし，いい仕事に巡り会えなくてとにかくつらかった．一年のうちで100日しか仕事がなくて，どうやって生活していこうかと日々考えていた．当時は池袋で知り合った留学生とよく遊んでいた．彼らは（中国の）東北地方出身だが，日本語ができるのでありがたかった．その意味では，池袋にいる限り，日本語を使わなくてもさほど問題はなかった．当時携帯電話をもっていたので，アメリカにいる父親や中国に残っている母親ともよく連絡をとっていた．正直，その頃はもう中国に帰りたかったので，両親に「中国に帰ろうと思う」と話したが，母親は「もう帰るの？もったいない」と言い，父親には「つらいなら，もう無理しなくてもいい」「じゃあ，アメリカに来るか？」などと言われた．あのときはまだ自分自身が子どもすぎて，その上末っ子だったこともあって苦労というものを経験したことがなかった．だから，あの頃人生で初めてぶつかった「苦労」に懲りたんだと思う．

　その後，Ａ氏は中国へ帰国しようと思い詰めるほどに悩み，出入国管理局に出

頭しようとしていた．そのようなときに，友人のひとりが建築関係の会社を紹介してくれた．それがのちにＡ氏が 10 年近く働くことになった会社である．筆者が会社について問うと，Ａ氏は一気に明るくなり，時折日本語を交えながらその頃の経験を語った．

　　僕が働いていた会社は親方と呼ばれる人がいて，その下に数人の従業員がいるような小さな会社だった．当時（筆者注：2002 年頃か）の東京は景気がよくて仕事は多かった．主な仕事内容は家を壊したりすることだけど，他にも塗装とかいろいろ経験した．親方はすごく面倒見のいい人で，日本語が下手な僕に対しても根気強く付き合ってくれた．僕も最初は片言の日本語ではあったけど，わからない単語は筆談したりしてなんとか意思疎通を図っていた．仕事はきつい仕事だらけで，疲れるし叱られることも多かった．でも，親方たちと過ごすうちに日本語も上達したし，仕事もできるようになってきた．仕事を覚えてきたら，新しく入ってきた後輩たちにも指導するようになった．疲れるけど，とても楽しかった．普段は仕事が終わると，親方や他の従業員と一緒に居酒屋に行っていた．あのときに飲んだ冷たい生ビールは本当においしかった．休日になると，親方は僕をパチンコやスナックにも連れて行ってくれた．だいたい金曜日は新宿で飲んでいた．遊びに関しては，日本の方が楽しかった．

　Ａ氏にとって「会社」での就労経験は，とてもかけがえのないものだったようである．仕事内容は肉体労働が中心だったため大変なことも多かったようであるが，日々充実していた．彼はその後もときあるごとにこの会社で過ごした日々がいかに楽しかったか，そして親方や仲間たちがいかに大切な存在なのかをしきりに語っていた．

　また，Ａ氏が会社に入った頃，付き合いのあった中国人の紹介で連江出身のＢ氏（1971 年生・男性）と知り合った．Ｂ氏もＡ氏同様に密航者であり，同じように建築関係の会社で働いていた．Ａ氏はかつて連江で働いていたことがあるうえに，Ｂ氏も同じ方言を話せたこともあって，２人はすぐに意気投合した．それからほどなくして，Ａ氏とＢ氏はルームシェアをすることになった．家賃の負

担額が減ったこともあって，A 氏は給料の多くを貯金にまわすことができた．

　筆者が調査した限りでは，日本への渡航者には既婚者が多く，それゆえ故郷に残してきた家族のために熱心に貯金をしたり，送金をする様子が伺えた．A 氏の場合は，未婚であるうえに父親と兄もアメリカで出稼ぎをしていたこともあって，仕送りについてさほど熱心ではなかったようだ．

　　　当時は日当が 17,000 円ぐらいで，1 カ月 40 万近い給料をもらっていた．給料は確かによい方だったけど，その分使う金額も大きくなっていった．給料がそれなりにあったおかげで，付き合いで使ったり，買い物したりと比較的自由に使えていた．節約もそんなにしていなくて，パチンコに行ったりしていた．僕は他の人とは違って毎月いくらと決めて送金をしているわけではなく，必要なときに必要なだけ送金していた．経済状況はそれぞれの家庭で違うからね．たとえば，実家で何か金が必要なときがあれば，大概母親から電話がかかってくる．母親は麻雀が好きだから，よく「麻雀で負けた」という理由でお金を送ったり，「家電を買いたいから」と言われてはお金を送ったりしていた．僕は日本へ行くときにだいたい 15 万元ほどかかったが，それはだいたい 3，4 年かけて返し終えた．アメリカに行くならさらに金がかかるし，借金を返す期間も長くなる．そう考えると，僕は他のアメリカへ行った人々と違って経済的な条件がよかった方かもしれない．

　A 氏は一カ月あたりだいたい 40 万程度の収入を得ていたが，これは同時期に日本に滞在していた龍門村出身者（奇しくもほとんど全員が建築関係の仕事をしていた）のなかでも飛び抜けて高いというわけではない．彼から聞くところでは，家賃などの生活費を支払い，求められたときに家族へ送金をする以外に手元に残った金は，酒やタバコ，友人たちとの交遊費として使っていたという．その一方で，彼は貯金の重要性も認識していた．

　　　僕は日本には親戚も友達もいない状態で行ったから，万が一に備えて蓄えは常に残していた．日本にいた頃は一緒にいた周りの中国人はほとんど

ビザが無い状態だったから，何の保証もない．だから，仕事がうまくいか
なくて今月給料がない，となると周りからお金を借りていたし，こっちも
そのために少しだけお金を用意しておく．それに，裏切られることも多々
あった．だから，いくらかまとまったお金を残さないと不安でしかたがな
かった．同じ中国人だからといって助け合うものではない．やはり信頼で
きる「朋友圏」が必要になるんだ．

　A 氏の語りにみられるように，ある程度の金銭を手元に残しておくことは重要
であった．彼のみならずそのほかの龍門村出身者にも同じことがいえるが，彼ら
は日本に親類縁者をもたない状態で渡航してきているため，生活上の安全保障の
ために新たな社会関係を構築する必要があった．それを維持する経費としてある
程度の金銭が必要だったようである．むしろ，A 氏にとって日本で得た収入は「安
全保障」という意味も兼ねていたようだ．
　上記の語りを踏まえていえることは，収入の使い方について検討する際には，
彼らの家庭内での立場の差異を考慮しなければならないということと，少なくと
も A 氏の生活をみていると「寝る間も惜しまずに働いて故郷に送金する」とい
う従来描かれてきた移民像とはやや異なっていることである．また，彼らの身分
自体はきわめて不安定であり，とくに日本で確固たるセーフティネットワークを
持たないがゆえに，自分で自分の身を守る必要があった．そのために最低限必要
とされるものが現金と社会関係であり，一定の関係性のなかで現金の貸し借りや
住居の提供等といった相互扶助を行うことによって，自身の安全も確保していた．

5　帰郷と帰郷後の生活

　不法移民として異国に滞在している者にとって，いつ母国に帰るのかという問
題は家庭の生計維持ともかかわる重要な問題となる．ちなみに，彼らのような不
法移民の場合，「帰国」といっても，まずは警察や入国管理局等に本人が出頭し
たうえで，自ら航空券を購入して帰国するという手続きをとらなければならない．
逆にいえば出頭すれば帰国ができるわけなので，移民本人が帰国時期を決めるこ
ともできる．

　龍門村出身者の帰国の時期や理由は，それぞれの事情によって異なっている．たとえば，「子どもの結婚」や「親の死亡」は帰国を決断させる大きな理由となる．ほかにも，摘発によって強制送還となった場合や体調を崩してやむなく帰国したという場合もあった．では，今回取り上げたA氏の場合はどうだったのだろうか．筆者が「いつ，どのように帰国しようと思ったのか」と問うと，次のように答えてくれた．

　　僕は20代という人生で一番楽しい青春期を，日本の経済発展に捧げたといってもいいと思う．日本での生活はつらいことや楽しいことがいっぱいあった．ただ，その一方でやっぱり家に帰りたいという気持ちもずっと抱えていた．気がつくと日本に来て10年近く経っていたし，本当に帰りたい，家が恋しいと思うようになった．それが爆発したのが2008年の北京オリンピックだった．中国にとって大きな歴史的イベントだったし，それが開催されると知ったときその年には絶対に帰ると固く決意した．そこで，「会社を辞めたい」と社長に告げると「時給を上げるから，もう少しいてほしい」とかなり慰留された．でも，今回ばかりは「帰る」という決意が固かったので，その慰留を固辞した．最終的に辞めることになって，帰国する直前には会社の人たちが送別会を開いてくれた．みんなが別れを惜しんで泣いてくれたことは，今思い出しても泣きそうになる．後輩のひとりなんて，酔っ払いすぎて居酒屋の階段から転げ落ちたぐらいだった．
　　それから荷物を送り出して，成田空港から上海経由で福州に戻った．上海には姉の夫が迎えにきてくれて，彼と一緒に村に戻った．村に戻ったら，家の前で父と母が待っていた．父親の姿を見た瞬間に僕はたまらず泣きだしてしまい，父親の足下に跪いてしまった．思えば，13歳のあの日から一度も会っていなかったからね．父は2006年にアメリカから帰ってきていた．その後は父親ともいろいろな話をしたけど，久しぶりすぎて正直どうやって接していいのかわからないときもあった．

　A氏はこのエピソードについて語る際に，帰国をまったく後悔していないと繰り返し述べていた．むしろ離れて暮らして居た家族と再会し家族の絆を確かめる

ことができて，非常に満足していたそうである．

A氏の父親は年齢的な問題もあって，帰国後はとくに仕事をせず引退生活を送っていた．一方のA氏は帰国した時点で30代前半だったということもあり，今度は中国国内で職を探すことにした．彼は，貯金を元手にゲームセンターやカラオケなどの娯楽関係の仕事をしようと考えていた．しかし，自国に戻って就職先を探し始めた途端，A氏は新たな困難にぶつかることになった．しかも，その困難は日本での就労時に経験したものとはやや異なるものであった．

　　村に帰ってきてからだいたい4年近く経過するが，実家にはほとんどいない．日本で仲よくなったBさんも帰国しており，現在は彼と彼の友人たちと一緒に会社を起こそうとしている．その人たちはいずれも連江出身者で，皆日本やアメリカに出国経験がある者ばかりだ．皆海外で貯めたある程度の資金があったので，まず金を出し合って広西のある街でゲームセンターを作ろうとした．それはBさんの友人の紹介だったんだが，なぜかうまくいかなかった．そこの社長との関係も冷え始めたので，いったん福州へ戻った後に，今度は蘭州で投資をしようという話になった．そこもBさんの知り合いがいるといってBさんは蘭州まで出かけていったが，本当にうまくいくのかどうか…．

　　やっぱり「関係（guanxi）」だよ，「関係」．「関係」がないと何もうまくいかない．現在出国している人たちは，前みたいに「生活のために」というプレッシャーはそんなにないと思う．しかも，今は中国も経済発展しているところだし，出稼ぎするほど貧しい状態でもない．でも，中国がいくら経済発展しているからとはいえ，国内で成功できるチャンスをつかめるとは限らない．そんなに簡単ではないし，今の中国では「関係」が必要になってくる．

　　この村の人たちが未だに国外を目指す理由の一つに，人脈がないという問題があると思う．国内で成功する機会やいい仕事があるとしても，そのチャンスをつかむことができない．国内で成功したいなら，少なくともいい人間関係をもっていなければならない．そして，できればある程度の金銭的な基盤があって，「関係」があるべきだ．多くの人，とくに僕のような若い人が帰国後に就職先を探そうとしているけど，大抵うまくいっていな

い．とくに長い間国外にいたということが足かせになっている．なぜなら，すべてにおいてまた再び一からやり直していかなければならないからだ．10 年前の環境を再び取り戻せると思う？　そんなに簡単ではない．中国で会社に勤める，あるいは自ら何か起業をするという場合，とくに後者をしようとすると本当に複雑な事情がある．人間関係を作る場合には，国外にいたようにある意味自由にしていてはいけない．中国式のやり方で付き合いをしていかなければならない．だから，発言のひとつひとつにも本当に気を使ってしまう．やはり，長い間中国を留守にしていて，一からやり直すことは本当に容易ではない．

　奇しくも A 氏が述べたように，かつて人々が出国を決断せざるを得なかった時代に比べると中国の経済状況は飛躍的に向上しており，わざわざ海外へ出かけなくても中国国内において成功できる可能性はいくらでも見い出せる．ただ，龍門村のようないわゆる「農村」で暮らす者にとって，都市で新たな活路を見い出していくことは容易ではない．A 氏の語りにもみられるように，国内で成功していくためには「関係」の構築や運用に至るまで，一筋縄ではいかない状況が存在している．

　とくに，ここで繰り返し触れられている「関係 (guanxi)」は，中国社会をはじめ龍門村出身者の移住を理解するうえで重要なキーワードとなろう．王崧興は，中国社会の特徴について，組織化された集団が重なって構成されるというよりは，家族関係を基礎とした倫理で結ばれる関係を重視する「関係あり，組織なし」社会であると述べている（王 1987）．ここでいう「関係 (guanxi)」とは，人と人を結ぶつながりのことを指すが，それは血縁や地縁，業縁，師弟，同学，同僚とさまざまな属性にもとづいて結ばれている．個人は「関係」の網の目のなかに置かれているが，その「関係」の網を有利な方向に操作するために，義理や人情，仁義，面子などをもってつながりを強化していく（王 1995）．とくに，このような「関係」を多くもつほど社会資本が多くなるため，社会的向上を目指す際に有利な武器となる．現代の中国社会では，「関係」を作り出そうとする行為がいきすぎるとして，しばしば非難される場合があるほど，「関係」に対する関心が高い．

　このようないわば「関係」至上主義が現れた背景について，王崧興は以下のよ

うに説明している．少々長いが，引用してみたい．中国社会は家族をはじめとしたさまざまな関係が重視されてきたが，「文革時代には，人と人との間に常に『画清界限』（境界を分明にすること）が要求され，人間関係をひろげることは最小限に控えられて，家族的紐帯の最小範囲に留まっていた．しかし，文革以降，新しい経済改革の波にのって，自由販売や外部との物資の流動が激しくなり，人々はあらゆる紐帯をひろげて，物的資源または権力への接近を図ろうとしている」（王 1987：156 頁）．中国社会が人と人のつながりを重んじる社会であることはこれまでにも数多く指摘されてきたが，上述の王の説明を踏まえるならば，中国において社会的上昇を図るためにはまず目的に沿って人脈を広げる必要があり，同時に人脈を維持していく技術を身につけることが必要となる．それゆえ，Ａ氏のように若い時期に海外での出稼ぎに長期間を費やしてしまった者は，中国社会を渡り歩く際に必要な社交上のマナー，振る舞いなどといった独自の「技」を熟成させる機会を逸してしまったことになる．それゆえ，再び複雑な人間関係の網の目のなかに介入していくことが困難なのである．このような現状解釈の仕方は何もＡ氏だけではなく，友人であるＢさんやその他彼らの周りにいる帰国組にもある程度共通している．彼らは海外で蓄財に成功し経済的な成功を収めたはずなのに，国内ではこれまでの経験やメソッド通りにいかないことに対して苛立ちを覚え，諦めすら感じている様子がみられるのである．

　逆にいえば，複雑な「関係」や権力によって形作られている世界から一歩抜け出す手段として，海外へ向かうという選択肢が存在しているともいえるのではないだろうか．海外で暮らす際にも中国人との付き合いを続けなければならないという意味では，中国式の「関係」を維持するための努力もある程度していかなければならない．しかし，国外では就職先を確保することができれば，そうした努力を補うに余りある収入を得ることができる．しかも，それが村にいるときの数十倍にもなるのであれば尚更のことであろう．いくら資産が多くても，自らが国内で活用し得る「関係」が不十分では成功することが難しい．それゆえ，海外での出稼ぎは，単純に労働単価が高いといった経済的な理由ばかりではなく，中国国内では達成し得ない成功が自力で達成可能であるがゆえに，繰り返されているともいえるだろう．

6　不法移民の生き方からみえてくること

　本章では，ある不法移民のライフストーリーを中心にとりあげながら，彼らの移住から帰国に至るまでのプロセスを追ってきた．これまでに述べてきた事例を整理してみると，以下のようにまとめることができるだろう．

　まず，不法移民として生きることを選んだ理由には，やはり生活苦や就職難といった経済的な要因が主たるものであったが，それだけに還元できない状況もみえてきた．すでに述べたように，密航はハイリスクな移動方法のひとつであるが，彼らの語りからは密航に対してさほど抵抗感がみられないようにも思えた．その背景には，龍門村の周辺地域で密航が常態化していたことや「成功者」というロールモデルが存在したことが挙げられるだろう．そのうえ，村のなかでは「海外に行かぬは恥」という雰囲気さえあった．そうした状況も彼らの移住にある程度影響を与えたとも考えられる．移民を決断する際には，現状に満足せず一歩上を望むという一種のアンビションとそれを肯定するような社会的条件が存在していた．そこからも移民の発生要因を単純な経済合理性的な視点から説明することの困難さが指摘できる．

　では，A 氏は「成功者」となりえたのだろうか．彼は日本で出稼ぎを行うことにより，結果的に国内で得るよりもはるかに多い収入を得ることには成功した．しかし，その後の人生をみていると，彼自身が評価しているように「成功」しているとは言い難い．帰国した後は商売をするべく仲間とともにビジネスを展開しようと奮闘するが，なかなかうまくいかない．そもそも彼は中国でも日本でも一労働者として就労した経験しかないため，まったく違う業種の経営者に挑戦すること自体がある意味では無謀なのかもしれない．しかし，彼は帰国後の「失敗」の原因を職種の違いというよりも，あくまで「人間関係の欠如」として解釈している．

　すでに述べたように，実際には日本で暮らしていく際にも人間関係の維持は重要な要素のひとつであった．その意味では中国国内で成功を目指すべく「関係」を構築し維持することとある程度共通している部分もある．ただし，日本で必要とされる「関係」は，お互いが「一時滞在者」であるがゆえに一時的なもので終わることが多い．それゆえ，「関係」維持のための努力は中国国内で払う努力よ

りもいくぶん軽いものになるともいえる．むしろ，日本で多額の収入を得るためには，「就職先をみつけてこつこつと真面目に働くこと」が重要であり，それさえ守っていけば金銭的には余裕がある生活が送れた．しかし，中国では「真面目にこつこつと働く」こと以外にも，人間関係そのものをうまく構築していくことが求められた．そのことを踏まえると，海外で働く方が移民にとっては出身地での経済的上昇を目指すよりも，労力やその他必要なコストが低く済むと考えられているともいえる．

　ここで「なぜ彼らは海外を目指したのか」という問いに戻ってみよう．本章でとりあげたライフストーリーを踏まえると，彼らにとっての海外移民は，中国国内で経済的に上昇するために必要とされる「関係」の網の目を飛び越えて，国内では得られない成功をつかむための営みでもあったといえる．すでに述べたように，改革開放後の中国では経済状況の緩和にともない，社会的上昇を目指す人々が自身にとって有利になるような「関係」を構築し，それによって利益を得ているようすがみられた．そして，その「関係」を維持するために義理や人情などが交換され，強化されてきたのである．「関係」は主に共食といった機会を通して結ばれることが多いが，そこに至るまでにはさらに別の「関係」を駆使したりと，多大な労力とある程度の経済資本を必要とするものである．そのうえ，それらのセットアップがスマートにこなせないと「関係」もうまく構築できないうえに，維持も難しいのかもしれない．すでに述べてきたように，海外での出稼ぎを経験した者は，長らく故郷を離れていたこともあって，その間に中国社会で盛んに行われてきた「関係」構築の波にも乗ることができなかった．これは，彼らが実際に日本へ向かったときには，考えもしなかったことでもあろう．A氏の例にみられるように，移民によって経済的な成功を得た者が帰国して直面した「困難」は，海外移住がもつ思いもよらないデメリットのひとつなのかもしれない．

　以上の検討を通じて，彼らが移住を行う背景には，収入の増大といった目的のみならず，いわば社会関係資本の欠乏から中国国内ではなかなか成功を望めない者たちが成功を目指した営為として位置づけられていた可能性が明らかになった．これはある意味で中国国内での「弱者」たる彼らの戦略の一部であるともいえるだろう．村に戻ってきた彼らが今後誰を相手にどのような戦略を繰り広げるのか，その際には再び移動という手段に頼るのかという点については，今後の動

向にも注視していく必要があるだろう.

　なお，今回とりあげた A 氏は，2015 年の暮れに突然アメリカへ渡った（もちろん密航である）. 筆者は A 氏の家族からそれを聞き，すぐにメッセージアプリで連絡をとった. A 氏に「どうして急にアメリカに行ったの？」と尋ねてみたところ，「中国に居たってしょうがない，くそくらえだ」と返事が返ってきた. 彼が今後どのように「成功」を目指していくのか，これからも見守っていきたい.

付記
本章は筆者が 2014 年に東北大学に提出した博士論文（兼城 2014）の一部を改稿したものである. 調査に快く応じて下さった A 氏をはじめとするインフォーマントのみなさまにこの場を借りて御礼申し上げます.

文献一覧
王崧興
　　1987 「中国の家族制と近代化」，河野健二編『近代革命とアジア』，愛知：名古屋大学出版会：145-161 頁.
　　1995 「『関係』，『人情』，『面子』――中国社会における人間関係の構築」，清水昭俊編『洗練と粗野』，東京：東京大学出版会：226-240 頁.
兼城糸絵
　　2014 『現代中国の移民母村の文化人類学的研究――個人史・人生儀礼・神祇祭祀からみる持続と変容――』博士論文（東北大学大学院環境科学研究科）.
許金頂
　　2006 「来来往往：福清僑郷的歴史社会学考察」李明歓編『福建僑郷調査：僑郷認同，僑郷網絡與僑郷文化』，中国：厦門大学出版社 :268-327 頁.
桜井 厚編
　　2002 『インタビューの社会学――ライフストーリーの聞き方』，東京：せりか書房.
桜井 厚・小林多寿子編著
　　2005 『ライフストーリー・インタビュー――質的研究入門』，東京：せりか書房.
荘国土
　　2006 「近 30 年来的中国海外移民：以福州移民為例」，『世界民族』3:38-46 頁.
施雪琴
　　2000 「改革開放以来福清僑郷的新移民――兼談非法移民問題」，『華僑華人歴史研究』4:26-31 頁.
山下晴海編著
　　2014 『改革開放後の中国僑郷――在日老華僑・新華僑の出身地の変容』，東京：明石書店.

第3章 「異者」のなかで生きる

2人の移動する個人のライフストーリーを事例に

リーペレス ファビオ
Lee Perez, Fabio

1 問題の所在

　留学や労働，結婚などを理由に人が国境を越えて移動することが普通になった現在，エスニシティや国籍を異にするカップルの間に生まれた人や，親の国際移動に従って生まれた国とは異なる国で育った人が増えている．そのような移動する生き方をしている人々は，「在日外国人」，「△△系○○人」，「帰国子女」や「ハーフ」など多様な形で差異を浮き彫りにされて呼ばれてきた．そして，彼ら／彼女らが主流社会からどのように表象され，どのようなアイデンティティを築いているのかという問いに関心が寄せられ，移動する人々と主流社会との間の関係が研究されてきた（竹沢 2009, 2016, 岩渕 2014, 佐々木 2016）．そして，近年では「外国にルーツをもつ人々」を日本社会のエスニック・マイノリティと捉え，マイノリティ集団と日本社会の関係だけでなく，マイノリティ集団内部の多様性に関心を寄せる研究も出始めている（河合 2016, 佐々木 2016, 竹沢 2016）．

　こうした従来の研究では，人の移動によって生じる日本の多文化的状況を検討するために，自集団と他集団とを対比することで現れる差異に関心が寄せられてきた．よって，個人に焦点を当てた研究においても，個人はマイノリティ集団のなかに位置づけられ，社会との関係性を論じられるに留まっているのが現状である．筆者は，この状況への反省として，同質性や一貫性を打ち破るために特定の個人（Abu-Lughod 1991: 154 頁）に着目する必要があると考える．そして，特定の社会状況のみならず，個人がこれまで越境を繰り返して複数社会

で生活した経験と，その過程で形成されるアイデンティティの変容に着目する
必要がある．

　そこで本章では，近年の移動の研究にみられる課題として，個人の主観的な意
識の働きかけ（Abu-Lughod 1991：154 頁，Rapport 2012：80-81 頁，川上 2016：89 頁，
184 頁）に着目する．具体的には，2 人の移動する個人のライフストーリーから，
彼らが出会った人々の行為をどのような意味づけのもとに捉え，身につけてきた
のか／つけてこなかったのか，そしていかなる相互行為をしてきたのかを明らか
にする．個人の語りに着目することで，民族，国籍，文化といった定型句的な枠
組みでは捉えられない移動する個人の生き方の特徴を考察する．

2　「外国にルーツをもつ人々」と呼ばれてきた人々

　「外国にルーツをもつ人々」についての従来の研究では，「○○文化」や「○○人」
というものがはっきりと存在することが前提とされる．そして，「在日外国人」，「△
△系○○人」，「帰国子女」，「ハーフ」と呼ばれてきた人々は，「非日本人」とし
て主流の社会との関係の中で抽象的に描写され論じられている．たとえば，海外
子女／帰国子女については，「日本人らしい」あるいは「日本人らしくない」と
いう本質主義的なアプローチがされてきた（南 2000，箕浦 2003）．あるいは，「ハー
フ」の研究においても，人種，民族，文化，階級，性別が日本社会の文脈のなか
でどのように描写され，それらの人々がどのような立ち位置にいるのかが調査さ
れてきた．

　近年では，ハーフ，マルチレイシャル，ダブルとさまざまな呼称はなされるも
のの（岡村 2016），このような人々を対象とした文化人類学や社会学などのさま
ざまな分野の研究者が互いに対話を進め，関心が高まっている（岩渕 2014，佐々
木 2016，竹沢 2016）．それによると，複数のルーツをもつ人々は，単体のアイデ
ンティティを拒絶し，ハーフであることを受け入れるのみならず，むしろそれを
ポジティブに捉えている場合があるという（渡会 2014，ヤノ 2014，高畑 2016）．
しかし一方では差別に対する恐れから，自身の混淆性を隠し，単一のアイデンティ
ティを名乗ったり，別のアイデンティティを偽ったりする場合があることも明ら
かになった（関口 2003，川端 2014，工藤 2016，高畑 2016，李 2016）．日本で生

活する外国籍の人々や，国際結婚あるいは異集団間結婚によって生まれた人々は，身体的特徴や気質などをめぐる言説によって差異化され，主流社会の事情によって包摂と排除の経験を繰り返してきたのである．また佐々木の編著『マルチ・エスニック・ジャパニーズ』（佐々木 2016）では，日本に移住した外国人を〇〇系日本人と捉え，新たな面から日本の人種，言語，民族，文化の多様性を確認しようとした．日本社会の新しいエスニック・マイノリティとして，在日朝鮮人，日系ブラジル人，パキスタン人，ハーフと呼ばれる人々の多種多様な「生」に着目したことで，「日本人」が含意あるいは指示するところが再考されることになった．

　ただし，これらの研究では，日本社会で生活する多種多様な人々を，日本とブラジル（渡会 2014），日本とベトナム（川上 2016），日本とパキスタン（工藤 2016），日本と韓国（川端 2014），のように二項対立的な図式で捉えたうえで日本社会におけるその可視性と不可視性をめぐる議論に終始している．アイデンティティに関する議論においても「いかに自己を語るか」に焦点をしぼって，「複数のルーツをもつ人々」は日本と外国の両方にアイデンティティをもつものの，日本と外国のはざまで「どっちつかず」の状態を生きている人々として描かれている（岩渕 2014，河合 2016，佐々木 2016，竹沢 2016）．

　しかし，マジョリティである日本人がマイノリティを△△系〇〇人と国民国家の枠内で捉えようとすると，それにともなう政治や権力的な暴力が働き，多様性を承認するどころか，むしろ限定してしまう恐れがある（川上 2016：168-184 頁）．これに対して川上（2016）は，ベトナム難民を親にもつ若者が状況に応じて自らをベトナム人，日本人，ベトナム系日本人と名乗っていると指摘している．それを踏まえて，個人の主体的な行為に注目し，特定のコモナリティーでは捉えられない，その多様的かつ動態的な生き方を考察する必要があると主張する（川上 2016：184 頁）．つまり，移動の経験をもつ個人が，その遍歴のなかで出会ったさまざまな背景をもつ人々とどのような関係を築き，どのように交流を図ってきたのかを理解することが求められている．

　これらを踏まえ本章では，近年の移動の研究で議論されている個人の主観的な意識の働きかけ（Abu-Lughod 1991：154 頁，Rapport 2012：80-81 頁，川上 2016：89 頁，184 頁）に着目して，2 人のライフストーリーの事例を提示する．それをもとに，移動する個人が，これまで生活してきた社会によって周縁化され

ていることを自覚しながらも，自らが移動の経験のなかで出会う人々をどのように他者化または同一化しているのかを明らかにする．

3 移動する個人のライフストーリー

　人類学では，フィールドワークにおいて出会い情報を提供してくれた個人，すなわちインフォーマントを特定の集団の一員として描く．しかし，本研究で対象とする移動の経験をもつ個人は特定のフィールドで生活する人たちではない．しかも重層的なアイデンティティをもっているため，特定の集団の一員として描くことはできない．よって，個人を対象とし，個人の直接的な意識と経験から移動する生を分析するため，個人の語りを扱う必要がある．当然，個人の語りは，人種，国籍，文化などの集合的なディスコースにかかわるが，それのみが人の生き方を決定づける主たる要素ではない．これらのディスコースは個人の解釈と意向によって作られ，作り替えられる．筆者は，ヨシとケンという 2 人の移動する個人の人生の語り（ライフストーリー）に注目し，他者の認識がどのように描写され，自己と他者を分ける準拠枠がどのように形成され，そして他者とどのような関係を作っているのかを考察する．

　本章では，日本語を基盤とした語りを中心として提示しているが，2 人の移動する個人の移動の遍歴と経験がそれぞれユニークであるため，語りのなかに別の言語が使われることがある．ヨシの場合は，韓国語，アフリカンス語，英語そしてスパングリッシュが使われる．ケンの場合は，英語が使われることがある．そのため，解説が必要と思われる語りには注釈を加える．

(1) ヨシの語り

　ヨシのライフストーリーを述べる前に，まずはその生い立ちを簡潔に紹介しておこう．ヨシは日本人の父と韓国人の母を持ち，二人兄弟の長男としてソウルで生まれた．彼の一つ下の弟テツと筆者は韓国の日本人学校で同級生だった．ヨシはこれまで，日本，韓国，南アフリカ，アメリカで生活してきた．小学校 2 年生の 1 年間を福岡市で過ごした以外は，出生から中学校卒業までの 14 年間をソウルで過ごした．幼少時は地元の幼稚園に通っていたが，小中学校は韓国の日本人

学校に通った．中学校卒業後は，南アフリカのケープタウンの高等学校に通い始めた．高校卒業後はケープタウン大学に合格したが，弟が不合格だったために大学進学はせず，二人揃って韓国で就職することに決めた．しかし彼らは日本国籍だったことが理由で滞在許可（労働許可）が降りなかった．そこで日本に行くことを決意して，さいたま市でテレビなどの液晶画面をつくる工場に就いた．幼少期の頃から憧れていた日本での生活は，職場と家と漫画喫茶を往復するだけだった．精神的な面では安定していたが，不安も感じていた．一度は断念した大学進学に再び挑むため，半年後ロサンゼルスへ発った．ロサンゼルスでは，自ら生活費と学費を賄いながら，計8年間生活した．結局，ロンサゼルス近郊の大学を卒業した後，弟が先に卒業し大阪で就職したため，彼は弟を追うように大阪で職探しを始めた．二度目の日本での生活は今年で6年目を迎えた．その間，住居と職場を転々とし，現在は神戸で生活をしている．

ヨシは，幼少期から複数の異なる社会のなかで育った．エスニシティや言語が混淆とした環境のなか，いくつもの「あたりまえ」を身に付けた．異なる背景をもつ人たちと関係をもつためにさまざまな行為を試み，その都度ふさわしい役を表層的に演じてきた．しかし，習得した行為のすべてを必ずしも内面化させてきたわけではない．受容と抵抗を幾度となく繰り返して，自分に都合のいいようにそれらを取捨選択するようにしてきた．そこにヨシの主体性がみられる．

ヨシのライフストーリーは筆者の20年に及ぶ彼との個人的なかかわりと，2013年の8月から翌年の12月の間に行ったインタビューにもとづいて書き上げたものである．

a. 話す言語と名乗る名前

まず，ヨシが小学校の頃の語りを記述する．ヨシは，幼少期から日本語と韓国語を流暢に話すことができ，特定の状況において言語を使い分けている．彼は，日本人学校から帰宅すると，近所の学校の校庭で韓国人の子どもたちとサッカーをして遊んでいた．韓国人と日本人の両親の間に生まれ，両言語を扱うヨシは，韓国人の子どもたちとどのように接していたのだろうか．

　　家の近所の公園で一緒にサッカーしてた韓国人の友達の半分くらいが，
俺が日本人っていうことに気づいてなかった．そのときは，「キルチョン」
という名前で通ってた．下の名前の漢字を韓国語読みにすると「キルチョン」
になる．苗字は母親のを使って．韓国語の名前使ってごまかせるじゃん．「이
름 뭐야？（名前何だ？）」って聞かれて「박길종야（パクキルチョンだよ）」っ
て．でもサッカーがうまくなって，周りの子たちも（自分のことを）尊敬
するようになってくる．そうなると仲良くなる友達もできるわけよ．仲良
くなった子だけに，実はうちの親父が日本人で日本語も話せるって伝える
と，すげえ，ってまた尊敬される．

　ヨシは，当時の韓国社会では，日本人は嫌悪される対象だと子どもながらに理
解していた．そのため，韓国人の子どもたちと遊ぶときは，自分の日本人として
の背景を偽り，母親の苗字と日本名を韓国語読みにした「韓国人」としてのアイ
デンティティで接していた．この点において，「名乗り」の主体性（川上 2016：
182 頁）と，名前の変更が看取される．しかし，彼の場合はそれを成長にともなっ
て変えたわけではなく，相手と状況によって変えている．「仲良くなった人だけ」
に伝えるというように，相手と状況の変化に応じて，名乗りを変えていたのであ
る．竹沢が指摘したように，自分の混淆性を名乗ることが必ずしも有利に働くこ
とはない（竹沢 2016：23 頁）．彼はサッカーや勉強を通して仲良くなった韓国人
の子どもたちに，韓国人と日本人の両方のアイデンティティをもつ自分の多元性
を伝えることにした．友人関係を築き，「名乗れる」ように状況を肯定的に展開
させることができたのである．このようにして，ヨシは，話す言語を変えること
で韓国人と称して他の韓国人と接しつつ，状況と相手が変われば，自分の多元性
を伝えて接していた．

b. 貴人のスポーツ

　続いて，ヨシが南アフリカへ移った頃の語りである．ヨシはアパルトヘイトが
撤廃されて間もない頃に南アフリカの全寮制の学校へ通っていた．そこでは依然
として，白人による有色人種への差別があった．彼は，白人社会で認められたい
がために，多くのスポーツを試しては失敗することを繰り返し，試行錯誤していた．

　Boarding House^{注1)} に移って，最初のルームメートは2歳年上のゼットていう韓国人だった．何でゼットなんだって思ってたけど．かっこいいから英語の名前をつけたんだろうと思う．アフリカ人が本名を発音できないからっていう理由もあると思うけど．当時ジェット・リー^{注2)} ていう中国の映画俳優がいて，南アフリカでも有名で，アジア人で癖のある英語を話しても強くて尊敬を得るような象徴（イメージ）があったのよ．俳優が英語を話せなくても，格闘家で，強くて，白人の社会でも尊敬を得ているということに憧れを抱いて，ゼットもテコンドーと筋トレしてたんだよ．外見が筋肉質だったから，威厳はあった．それは学校に通ってた白人と黒人の子どもたちにも伝わっていたと思うよ．英語が下手でも，パワーでみんなの尊厳を得るような，そんなやつだった．ゼットはラグビーもしてたんだよ．

　（南アフリカだと）サッカーっていうのは黒人のスポーツで，白人はやらなかった．白人の男がやるスポーツはクリケット．それかラグビー．クリケットをP.E.^{注3)} の授業でやってた．おれも白人に合わせてクリケットやったんだよ．最初は，ゼットと同じようにラグビーをやろうとしていたんだけど，白人ってガタイが違うじゃん．ゼットみたいにマッチョじゃないと，アジア人って白人に押しつぶされるじゃん．体当たりされて跳ね飛ばされて脇腹^{注4)} が折れそうになった．だから，クリケットならやれるかなって思ってやったんだけど．Oh my God. 投げてんの石だぜ．石みたいだから硬くて重くて地面に落ちても跳ねない．それを手でキャッチすんだぜ．で，生徒のお尻叩くバットで，あれで跳ね返すんだぜ．ラグビーとクリケットって貴人のスポーツなんだよ．白人の間で遊ばれてるスポーツで，黒人はしない．とくにクリケットが金持ちの白人の間で一番人気だった．

　担任の先生に，ひげもじゃもじゃでハゲがいた．その人が，おれが足を動かすのうまいから，ラクロスやってみろって言うんだよ．それも白人のスポーツだから．薦められたと思ったら，二軍のGoalie^{注5)} をやらされた．ラクロスって服の下にプラスチックか金属製の肩パッドと腕パッドとヘルメットかぶるんだよ．あと歯が折れないために，ボクシングでつけるような口のなかにいれて歯で噛むような物もつけるんだよ．あと，チンコガード．あれって，数が少なくてみんなで共有しなきゃいけなかった．それで，

学校のなかで rumor とか school legend みたいなのがあって．AIDS もっ^{注6)}
てたやつとチンコガード共有してたやつが，そいつも AIDS になったって．
おれ恐かったからパンツの上からつけてた．

　　こう考えると，南アフリカの白人の貴人のスポーツって，鎧まとってや
るスポーツ．ラクロスとかラグビーとかクリケットとか．サッカーは足で
ボール蹴ってゴールにボールを運ぶだけだし，鎧とか必要ない．だから，
サッカーは黒人のスポーツ．南アフリカの代表だって黒人だけじゃん．でも，
ラグビーとかクリケットの代表は白人だけ．

　ヨシは，自分と同じ境遇の韓国人の留学生ゼットを模範にしていた．ゼットは
ヨシと同じのアジア系で英語を流暢に話せなかったが，身体的特徴を白人に近い
ものに変え，「貴人のスポーツ」をすることで尊敬を得ていた．ヨシも彼に倣い
ラグビーやクリケットをすることで，白人社会において認められようと試行錯誤
をしていたのである．

　この語りでは，ヨシは，身体的特徴の違いによって自分を白人と黒人から差異
化していたことがわかる．肌の色という可視的な違いによって異なる社会的処遇
を招くことを理解していたが，語りのなかでは，むしろ体の大きさとスポーツを
基準にしていたことが読み取れる．

c. 整形

　人種差別意識が残る高校に通っていたヨシは，国籍やエスニシティや肌の色が
異なることで受ける対応が異なるという状況に気が付く．しかし，南アフリカの
白人社会でより認められたいという思いから整形手術を受け，自分の身体的特徴
を変えようと試みる．

　　白人と黒人にからかわれたことはなかったけど，白人はこの目をみて
「Asian」て思うわけよ．目がいつも閉じているようで，それでも前が見え
てんのかみたいな．アジア人だからって思われないで，同等の扱いをされ
たい．なめられたくないって思っていたんだよね．これ（両目の端を人差
し指でひっぱって，目を細くする動作を）されて，Chinese て言われるの

がすげえ嫌だった．Asian の象徴じゃん．だから，（自分のまぶたを指して）これもその延長じゃん．自分がアジア人で周りと違ってたんだなって意識しはじめるんだよね．

　アフリカに移って 1 年経って，クリスマスと正月を過ごしにソウルに戻るんだよ．そのとき，母ちゃんに二重の話しをしたのよ．そこは，やっぱり，さすが韓国人．韓国って整形大国って言われるじゃん．おれもルックスは大事にするじゃん．でも，プチ（整形）だぜ．もう，ドキドキしながら，麻酔打たれて，手術を受けるわけですよ．

　南アフリカで生活していくなかで，いろいろ身にしみて感じた．ほら，最初入ったのが，白人社会じゃん．金持ちばかりの Boarding School に通ってる白人で．あいつら黒人を差別するんだよ．屁とも思ってない．colored（有色人種）も同じ（ように差別する）．だから，せめて，俺は黒人よりも上だってことを誇張したかったわけじゃん．黒人にも白人にもなめられないように必死だったわけよ．

　ヨシは南アフリカの白人社会で生活するなかで，出生や肌の色が白人社会でどういう意味をもっており，どのような処遇を受けるのかを学ぶようになる．彼は，一重まぶたはアジアの象徴という白人からの眼差しを気にしはじめ，二重まぶたにする整形手術を受ける．

　ヨシが自分の身体的特徴を変えたのは，他のアジア人あるいは黒人よりも優れていることを誇張し，白人と同等の扱いをされたかったからである．貴人のスポーツとされるクリケットやラクロスをして自分の優越性を誇張していたが，その結果，今度は彼自身が黒人に対して差別意識をもつようになっていた．しかし，やがてヨシは差別意識を持ち始めた自分に嫌気がさし，テツと一緒にケープタウン近郊の，人種的により多様性のある学校に転校した．寮を離れ，学校の近くに小屋を借りて暮らすことにした．以下は，その高校への転校後の生活である．

d. 差別

　転校したのは，最初に通ってた，白人だけが通うような学校じゃなくて，黒人も coloured も結構通っているような学校だった．だから，もう

fucking racist（差別主義者）な白人に合わせなくていいみたいな．俺も racist ではないし．

（そこで友達になった）アブドゥールは，サウジアラビアンのお父ちゃんにサウスアフリカンのお母ちゃんのハーフの子なんだよ．ひどい貧乏な家庭で，親父もいなくて．あいつのすごい所は，俺らみたいに何人なのかもわけわからない人に対して，自分の友達を誘い込んで，「君のことを教えてよ」ってアプローチしてくるとこ．その学ぼうとする，仲良くなろうとする姿勢がすげえ．一緒に勉強とかゲームとかして．学校の近くに住んでたから，いつも家に遊びにきて泊まってた．一週間の半分くらいは一緒に暮らしてた．

夜中一時頃だったかな．夜遅くて．アブドゥールが bungalow のドアを叩くこともなくそのまま入ってきたんだよ．「My brother stub me（弟が刺しやがった）」って言って．腹の所に白い，脂肪みたいなのが出てて．あいつ，肌が黒いからさ，血がさ，血に見えねえんだよ．白いのが一緒に混ざってて．「My brother fucking stub me」「Oh my god（なんてこった）」「Fuck shit. call 911（くそ．緊急連絡だ）」．南アフリカじゃ，911 じゃなくて，1011 なんだよ．遠くに住んでいたのに，血をこぼしながらアブドゥールが，わざわざ俺らの家まで来て助けを求めるって，俺らそれだけあいつに信用してもらってたってことでしょ．

（でも）もう，どうしようって，何もできないわけですよ．だから，biology の先生の家まで行ってドアを叩いて．もう真夜中だったから．けど，先生が出てきて「Fucking Kaffir lover！」（黒人好きの野郎）って言われるのね．病院も相手にしてくれない．だから，もう，アブドゥールを（おれの）家まで連れて帰らなきゃいけない．家には，母ちゃんが荷物に入れてくれた韓国の緊急箱（救急箱）があったのよ．だから，消毒液かけて．そうしたら，アブドゥールはもう痛いから叫ぶのよ．で，ガーゼして．これでなんとかなるだろうって思って，簡単な処置をしたんだよ．「なんだよ．この fucking country は．What the fuck!」（って思った）．fucking racist な国なのよ．もう，こんな国にいたくないって思ったのはあのときが初めて．

48

転校後にヨシの友達になったアブドゥールは黒人であった．黒人は南アフリカでは差別の対象とされ，社会的な抑圧を受けていた．名誉白人という位置を得ていたヨシも以前の学校に通っていたときは他の白人と同様に優越意識を抱いていたが，転校後にはその様子はなくなっていた．アブドゥールの傷を見てもらうために近所に住んでいた先生に助けを求めた際には，「黒人好きの野郎」と侮辱された．白人のスポーツや容姿，そして価値観までも受け入れたが，黒人に対する差別には強い感情的な抵抗があった．つまりヨシは，移動先の社会の人たちが共有している言動や行為や価値観を受け入れて交流を図っていたが，抵抗のあるものは拒絶していたのである．

e. アウトサイダー

次の語りは，2013 年の夏にヨシが生活していた浜松市で収録したものである．場所を転々とする生活を送ってきたヨシは，状況に応じて自己像を作り変えてきた．そこで彼は自分をどこにも属さないアウトサイダーだと定義している．

　　日本では出身のこととかすげえ聞かれる．日本人は，だいたいの人は気にするよな．その質問がめちゃめちゃ嫌なんだけど，「出身どこなんですか」って言われたときに，うそついてよく「関西です〜」とか「大阪です〜」とか言ったりするけど，「熊本ばい」とかも言ったりするけど．
　　俺は日本人じゃない．韓国人でもないやん．アメリカ人でもないやん．アフリカ人でもない．おれはいつもアウトサイダーっていう定義で生きてる．アウトサイダーだけど周りからは日本人みたいに扱われたり，韓国人みたいに扱われたり，アメリカ人みたいに扱われたり．どこの国にも属さないし．宗教もないし．だから国とか故郷とか教会とか会社に貢献することはない．そういう義務がないもん．

ヨシはこれまで生活してきた社会・文化状況の変化に合わせて，それを反映させた自己像を作りあげてきた．移動先の社会の人たちが共有している行為や価値観の受容と拒絶を繰り返し，同一化を図ったり差異化を図ったりして，自らにとっての他者と他文化の意味を作り変えてきた．つまり，移動のたびにヨシの「あた

りまえ」と「ちがい」を分ける準拠枠は変わり続けて，一定ではないのである．このように，ヨシがよりどころとするものが固定的ではないゆえに，常に自己をあらゆる社会・文化状況から距離を置いたところに位置づけていることがわかる．

(2) ケンの語り

　続いてケンのライフストーリー記述する．ケンは，日本人の両親の間に仙台で生まれた．姉と弟がいる．彼は，これまで親の仕事の都合だけでなく，留学や転職を理由に国内外の移動を繰り返してきた．父親の仕事の都合で，生後間もなく横浜へ移ったが，すぐに再びアメリカに渡ってニューヨークのクイーンズで幼少期の 12 年間を過ごした．そこでは現地の小学校に通いながら，土曜日は補習校^{注11)}に通っていたが，家でも学校でも英語を話す生活をしていた．

　アメリカの小学校を卒業する直前に父親の日本への転勤が決まり，横浜の小学校へ転校した．当初は学校のクラスメイトと日本語で意思疎通ができなかったり，周りの人たちの行動が理解できなかったり，価値観の違いなどに葛藤していた．周りの人が何をしているのか，どうしたら馴染めるのかを意識しはじめた．そのなかで他人と同じように振る舞うことに価値を見出し，その結果，周囲で評価されている大学や就職先を選択した．しかし，5 年間勤めていた職場を辞め，自分探しと称してさまざまな仕事を転々とした後に，スウェーデンへ留学をすることを決意する．スウェーデンの大学院では，メディア学を専攻し，帰国後は宮城県の大学で情報科学の博士課程に進学した．博士の学位を得た後は長崎の大学で職員を勤め，現在は茨城の大学で助教に就いている．

　ケンのライフストーリーでは，アメリカの生活で身につけた「あたりまえ」と日本で身につけた「あたりまえ」との間で葛藤が見られる．双方の異なる価値観の間で揺れながらも，自分にぴったりと当てはまる生き方とはどういうものなのかを模索し続けていることが彼の語りから伝わる．

　ケンとは，2013 年の 5 月に仙台駅付近にあるバーで知り合った．その後はたびたび同じバーで飲むようになり，彼の生い立ちを知った．インフォーマントになってくれるかを尋ねると，快く「of course」と答えてくれた．ケンのライフストーリーは，2013 年の 12 月からのバーでの雑談とインタビューによって書き上げたものである．

a. 生活のリズム

　次の語りは，ケンが多民族社会であるニューヨークで 12 年間過ごした後に日本に移り，横浜の小学校に通っていた頃の生活で構成されている．さまざまなエスニシティや人種的背景をもつ人たちが生活し自由に自己表現ができる空間が彼にとっては「あたりまえ」だった．その反面，日本の学校では，皆が同じ様な顔をして同一的で団結している様子が異質だったという．ケンは自己主張が強く，周りの子どもたちからは，「アメリカン」，「ホラ吹き」だとからかわれた．以下では，当時感じていた戸惑いをコミカルに語ってくれた．

　　12 歳で東京に来たとき，いろいろと問題があった．文化的な問題なのか，ただ単に脅迫感があったのかわかんない．とにかく日本語が話せなかった．自己紹介もできなかった．発音がおかしい日本語で自己紹介をするわけよ．「Boku no namae wa Ken desu」つって．みんな自分と同じ様にアジア人のような顔をしてて．そのうえ，みんな同じことを口にして，同じ行動をして，団結してるように見えて，恐かった．

　　俺の思い過ごしかもしれないけど，たまにクラスのなかでおれが無視されてたんじゃないかって思った．なんか雰囲気が違うっていうか．その雰囲気に，俺は馴染んでいないんだなって．異端ね．なんかリズムがあるじゃん．日本特有のリズムがある．日本人は何かを話すと，それに対する特定の返答を期待する．期待された会話を交わさないと生活のペースをなくしちゃう．（俺には）それがなかった．日本人は何を考えてんのかわかんない．みんな団結して統一して言動をいろいろと予測できそうだけど，それでも本当にわからない．

　　そのうちに表面的にだけど，リズムに乗れる様にはなったね．表面的に integrate することに熟練した．だけど日本人がいろんなことについて「普通」って捉えることは，自分にとっては普通じゃない．いろんな分野で「普通」って思ってることは自分の価値観から疎外してるように思える．日本人の疎外^(注12) してると思う行動を真似て自分に埋め込んだものもある．放課後一緒に帰ったり．トイレに一緒に行ったり．一緒になにかをすることが社会的にすごい重要．「なんで全部一緒にやらなきゃいけないの」って思う．

もちろん全部自分に埋め込んだ．誰かと一緒に帰らないと，誰かと一緒に
トイレに行かないと，loser になるから．それが自分の価値観に反してでも
周りを見て真似てた．この新しい環境で認められたいと思ったから．

　すべて決められたことをまずやる．これ辛いね．「なんでやんなきゃいけ
ないの」って常に思いながら．でも自分の考えは irrelevant っていう世界
に初めて入ったね．肉体的にも精神的にも疑問を感じて納得できず違和感
をずっと感じてたね．

　ケンはニューヨークでは，多人種多民族の人々が共に暮らすエスノスケープ（ア
パデュライ 2004）の空間で生活していた．そこでは自分の考えを主張し個性を
投影させることが推薦され，そのような環境が当たり前だと思っていた．それに
対して，日本では，子どもたちは皆決まった行為をし，個人の考えや価値観が統
一されているかのように感じられた．当初ケンは周りの日本人の子どもたちから
「アメリカン」と称され排除の対象とされていた．後に，周りの子どもたちの行
為を真似たり，価値観を取り入れたりすることで新しい社会で認められるように
試みた．つまり，ケンは，日本社会で適切だと思われる行為や習癖や価値観を単
純化した特徴にもとづいて身に付けて反映させ，周囲の日本人と同一化を図って
いたのである．

b. 英語

　中学校と高校に通っていた時期は，「日本人らしく生きたいのが先行してたか
ら，個性を殺していた」と語っている．アメリカで培った知識や考え方や価値観
を捨て，彼が主観的に捉えた日本人らしさを暗中模索し，周囲の人の行為を見様
見真似で身に付けていた．しかしその一方で，英語を話せる能力だけは発揮して
いた．高校の担任の先生から「帰国子女」向けの学部がある私立大学の受験を勧
められるようになり，自分の英語力を日本社会で生きていくためのストラテジー
（渡会 2014）に変えていた．

　　俺は英語しかできないから．他の教科全然だめだから．（でも学校では）
　俺は英語ができて目立ってたから，（高校の）元担任の先生が「君はまとも

に行ったら無理だけど，比較文化（学部）はSAT[注13]とTOEFL[注14]と面接と論文となんかだけで行けるから受けてみたら」っつって．俺は全然普通に大学受験するつもりだったんだけど．親と話して「やってみたら」って．

　高校では，大学について教えてくれたことが一番大きかったかもね．自分では発見できなかったと思うよ．（大学の）ネームブランドがなければ，今まで働いてた会社なんかに絶対入れなかったと思うし，いろんな所で少なからず恩恵を授かってる．

ケンはアメリカで身に着けた振る舞いや価値観を全面に出さず，日本のスタイルを受容しようとしていたが，教師から英語力を評価されたため，それを活用することにした．ただし，それはあくまで英語の有用性からであり，周囲の期待に応えようとしたことによるものではない．

c. 善悪の判断

　ケンは就職活動の過程で日本式の価値観と振る舞いを受容し実践しようとする．さらに，そうできない者に否定的な評価を下すまでになる．しかし，最終的には，そうした自己も否定し，主流社会からは距離を取りつつ，新しい生き方を模索する．

　　スーツ着て就職活動をして，なぜそんなことしなきゃいけないのって．やり方もわかんないし．でも周りはみんな兵隊の如く，同じ教科書を読んでんじゃないのかってくらい同じことをやってる．みんな所詮 good company っていう所に行くわけよ．俺の周りにいたやつも，ゴールドマンサックスとか，モルガンスタンレーとか，メルリンチとか，そういう所に就職してるような人たちばっかりだったから．（当時の）俺の世界観は，大学で培ったカルチャーのなかの世界で生きていたから．そのなかで，「good」と「bad」ってのがあって．口に出さずとも見えるわけよ．（大企業）に入った奴が「good」で．自分の周りが決めた「good」を目指して就職活動（してた）．

　　その組織が求める人材になれるのならば，善し悪しの判断基準もそこが

求めるものを自分のなかに埋め込める．無意識のうちに俺は周りがどう動いて，考えて，どういうことすると受け入れてもらえるかって考えてた．何が評価されて，どういう人が「すごい人」って言われるのか．この環境で評価されたい．認められたい．話し方，動き方，考え方を真似て，善悪の判断基準も信念も全部周りに合わせる．だから，本当にロボットだよ．自分を捨ててそういう機械人間になれない人を，俺は見下してた．「お前，本気じゃねえだろ」って．

　それが当たり前の世界だと思うわけ．目の前に見える狭い世界のなかで人生選んでた．特急列車だから立ち止まって考えることもできない．自分を圧して殺して郷に従うみたいな．みんながしていることをしなきゃいけないっていう．

　ロボットになって，「これでいいのかな」って疑問はあった．俺の世界観は絶対的に正しいと思ってきたけど，実は違うんじゃねえかって思い始めて．俺の，世界を見る目がガラガラと崩れ落ちるわけよ．次が決まってないのに仕事辞めた．そして土方をやった．工事現場で．まさに自分との闘い．今まで培われてきた俺の value や世界観が否定されることになるわけ．違う世界に行くことになるから．エリートの周りの友達から根本的に外れるわけ．

　ケンは，日本社会で生きていくなかで，当初は違和感があった単一的（と彼には思えた）価値観や振る舞いを受け入れて倣うようになった．さらに，モデルマイノリティーたらんとし，そうできない人々を批判的に捉えるまでになった．しかし，最終的にはそうした自分をも否定し，新たな生き方を模索するに至る．

4　移動が常態化した人々の生き方

「帰国子女」や「ハーフ」や「△△系○○人」と呼ばれてきた移動の経験をもつ人々は「外国にルーツをもつ人々」という修辞によって捉えられ，「日本人」と「非日本人」という二項対立的な構造のなかで，日本という特定の社会におけ

る可視性と不可視性をめぐる力学的関係とアイデンティティに関連づけられ論じられてきた．本章ではヨシとケンのライフストーリーを通して，彼らが暮らした複数の社会とそこで出会った他者との関係を示してきた．ヨシとケンのライフストーリーは，従来の研究の集団的ディスコースと特定の社会との関係だけでは理解できないことが明らかだ．彼らは集団の一員としてではなく，個人として捉える必要がある．

　彼らはこれまで生活した特定の社会のなかで，自分の移動の遍歴，肌の色，両親の国籍，話す言語などの要素がどのような処遇を受けているのかを，他者と関係を作る過程で解釈し自らの意向によって作ったり作り替えたりしている．ヨシは，個人の身体的特徴，話す言語，国籍がその人の背景と属性を決定付ける要因ではないと考えている．人種，国民，民族，文化の一員として認められる条件は固定的ではなく，可変的であると理解している．たとえば，韓国人の子どもたちと一緒にサッカーをするには，自分の韓国人性を主張しなければならないと思っていたが，相手と状況の変化に応じて日本人性も主張するようになった．南アフリカの白人社会で同等の扱いを受けるために必要なのは，二重まぶたであり，黒人に対する差別であり，貴人のスポーツをすることだと考えていた．ケンも同じように，学校のクラスメイトから「アメリカン」と他者化されたが，差異を縮めるため，周りのクラスメイトの行為を真似ていた．

　このように，ヨシとケンは自分の置かれた状況に応じて，その社会で適切だと彼らが見なした行為や習癖や価値観を違和感を抱きつつも習得している．ときには外見的特徴を変えたり，名前を変えたりして同一化を図ってきた．そうすることによって，他者との差異をなくそうと試みてきたのである．

　その一方で，受容できない行為や価値観を拒否し，自己を主流社会から他者化しようと試みることもあった．たとえば，ヨシは南アフリカの生活のなかで身につけた黒人への差別に対しては，その後，拒否感を示しているし，ケンも画一的な（と彼が考える）日本人の振る舞いや価値観と最終的には決別している．つまり，主流社会から自己を他者化しているのである．そして，その際には両者とも移動を選択している．ヨシは，差別意識をもつ白人とのかかわりを捨てて多民族的な学校に転校し，黒人だけではなくさまざまな背景をもつ子どもたちと付き合うようになった．ケンは，日本的な価値観に従って入った会社を辞め，スウェー

デンに留学した．言い換えると，移動は主流社会を拒む際のストラテジーとしても採用されているのである．

　ヨシとケンのライフストーリーには，自らを社会の一員として同一化する語りもあれば，自らを他者化する語りもあった．他者のもつ差異は，言語，行為，価値観であり，特有の差異をもつ人は文化，人種，国民，国家，エスニシティの言説で捉えられた．そして，彼らの語る文化，人種，国民，国家，エスニシティの言説は主観的に意味づけられたものであり，しかしそれらを固定化させることはなく，流動的で可変的なものとして捉えている．そうした自己と他者を分ける認識の仕方あるいは準拠とするものは，移動の都度変わっているのである．

　彼らは移動をして状況に応じてその都度自己像を作り変えてきた．特定の社会・文化的状況が変わるたびに同一化と他者化を繰り返しつつも，結局のところは自己を周辺に位置づけている．彼らのライフストーリーを通して，ヨシとケンがこれまで生活した複数の社会とそこで出会った他者との関係において，「複数のルーツをもつ人々」のような抽象的な修辞では捉えることのできない個人の複雑性，多面性，多重生，多様性を明らかにすることができた．

　以上明らかにしてきたように，人が国境を越えて移動することが普通になった現在，複数の異なる社会のなかで育ち，移動する過程でエスニシティや言語が混淆した人たちが現れている．そうした移動が常態化した人々「異者（ストレンジャー）」の生き方は既存の枠組みや特定の社会状況のみでは捉えることができなくなっている．このような様態を理解するために，マルチカルチュラルやトランスナショナルとは異なる議論が求められている．つまり，移動する個人の半生の語りを追うことで現れるその個人の特異性と，移動の遍歴のなかで過ごした社会と出会った他者との関係に注目する研究を進めていく必要がある．

注
1) 親元を離れて寮生活をしながら学業にはげむ学校の寄宿舎．卒業生の多くが名門の大学に進学することから富裕層の階級の家庭が子どもを通わせる傾向がある．南アフリカの場合はアパルトヘイト以降，白人と非白人で階級層が築かれる傾向はなくなってきたが，経済的に裕福な家庭だけが学費を払えるために，生徒は白人が多かった．
2) ジェット・リーは『少林寺』などの香港のアクション映画に出演をして 1998 年には『リーサルウェポン 4』に出演をしてハリウッドでデビューも果たしたことで，南アフリカでも名

前が 世間で知られていた.

3) Physical Education の略で, 体育の授業をさす.

4) 「肋骨が折れる」ということを言いたいのだと思われる.

5) ゴールキーパー. .

6) うわさ話.

7) 有色人種に対する蔑称.

8) 日本で育った人の感覚からすると緊急連絡は「ひゃくとうばん (110)」. だが, ヨシは, アメリカの生活が長かったので「nine one one (911)」と言ってしまった. 南アフリカの生活を想起して語っていながらも, 間違えて, 「1011」ではなく, 「911」と口にした.

9) 生物学の先生.

10) Kaffir. アフリカの黒人に対する蔑称.

11) 日本語補習授業校は, 全日制の日本人学校がない地域で, 土曜日にだけ国語と算数を中心に 日本語で授業を行う学校である.

12) 「疎外」ではなく「日本人の奇妙に思える行動」が適切である.

13) Scholastic Assessment Test の略で大学進学の適性能力を図るテスト SAT I は critical reading, writing, math の 3 科目. SAT II は英語, 歴史, 社会学, 数学, 自然科学, と語学の 5 科目. アメリカの大学進学者は 10th grade の時点で対策をする.

14) Test of English as a Foreign Language の略. 非英語圏の出身者を対象にした, 英語能力を 判定するテスト. Reading, listening, speaking, writing の 4 項目から英語能力が判定される. 非英語圏者は, アメリカやカナダを含む英語圏の大学の入学申請に必要とされる. 国際学生 (international student) は入学申請に SAT を取る必要はない.

文献一覧

アパデュライ・アルジュン (門田健一訳)
 2004『さまよえる近代──グローバル化の文化研究』, 東京：平凡社.

李洪章
 2016「在日朝鮮人＝日本人間「ダブル」の民族経験──共約可能性を見すえた共同性を目指して」, 竹沢泰子編『人種神話を解体する 3 「血」の政治学を越えて』, 東京：東京大学出版会：275-302 頁.

岩渕功一編
 2014『〈ハーフ〉とは誰か──人種混淆・メディア表象・交渉実践』, 東京：青弓社.

河合優子編
 2016『交錯する多文化社会──異文化コミュニケーションを捉え直す』, 京都：ナカニシヤ出版.

川上郁雄
 2010『私も「移動するこども」だった──異なる言語の間で育ったこどもたちのライフストーリー』, 東京：くろしお出版.
 2016「ベトナム系日本人──「名付けること」と「名乗ること」のあいだで」, 佐々木てる編『マルチ・エスニック・ジャパニーズ──○○系日本人の変革力』東京：明石書店：168-184 頁.

川端浩平
 2014「〈ダブル〉がイシュー化する境界域──異なるルーツが交錯する在日コリアンの語りから」, 岩渕功一編『〈ハーフ〉とは誰か──人種混淆・メディア表象・交渉実践』, 東京：青弓社：222-242 頁.

工藤正子
 2016「差異の交渉とアイデンティティの構築──日本とパキスタンの国境を越える子どもた

　　ち」，竹沢泰子編『人種神話を解体する 3「血」の政治学を越えて』，東京：東京大学出版会：303-331 頁.
南 保輔
　　2000『海外帰国子女のアイデンティティ』，東京：東信堂.
岡村兵衛
　　2016「「ハーフ」をめぐる言説──研究者の著述を中心に」，竹沢泰子編『人種神話を解体する 3「血」の政治学を越えて』東京：東京大学出版会：37-67 頁.
佐々木てる編
　　2016『マルチ・エスノック・ジャパニーズ──○○系日本人の変革力』，東京：明石書店.
関口知子
　　2003『在日日経ブラジル人の子どもたち──異文化間に育つ子どものアイデンティティ形成』，東京：明石書店.
高畑 幸
　　2016「フィリピン系日本人──10 万人の不可視的マイノリティ」，佐々木てる編『マルチ・エスノック・ジャパニーズ──○○系日本人の変革力』東京：明石書店.
竹沢泰子編
　　2009『人種の表彰と社会的リアリティ』，東京：岩波書店.
　　2016『人種神話を解体する 3「血」の政治学を越えて』，東京：東京大学出版会.
渡会 環
　　2014「「ハーフ」になる日系ブラジル人女性」，岩渕功一編『〈ハーフ〉とは誰か──人種混淆・メディア表象・交渉実践』，東京：青弓社：178-197 頁.
ヤノ・クリスティーン
　　2014「カバー・シンガー：ジェロ──日本の混血児」，岩渕功一編『〈ハーフ〉とは誰か──人種混淆・メディア表象・交渉実践』，東京：青弓社：198-220 頁.
Abu-Lughod, Lila
　　1991 Writing Against Culture. Richard G. Fox (ed.), *Recapturing Anthropology*: Working in the Present. Santa Fe: SAG Press.
Rapport, Nigel
　　2012 *Anyone: The Cosmopolitan Subject of Anthropology*. New York: Berghahm Books.

第4章　台湾外省人の移動をめぐる選択過程

中華民国体制支持と台湾社会への愛着のはざまで

上水流 久彦

Kamizuru hisahiko

1　移動問題にみる外省人の位置づけ

　本章では移住という移動を, 移住しない人々の事例から考察する. 具体的には, 台湾（現在, 中華民国政府の統治下にある地域）を長期間統治することになる中国国民党（以下, 国民党）とともに第二次世界大戦後, 中国（中華人民共和国の統治下にある地域）から台湾に渡ってきた人々とその子孫である外省人をとりあげる.

　外省人のなかでも一世や二世の大半が中国人という自己認識をもつ（高格孚 2004）[注1]. 外省人一世はほぼ, 国民党の敗走にともなって中国を不本意に離れた人々であり, 国民党による台湾と中国の統一のもと故郷に戻ることを望んでいた. 台湾はそれまでの仮住まいにしか過ぎなかった. 1990年代以降, 中国に戻ることも可能となったが, 故郷に戻らない人々も多い. 彼らは台湾のみを領土とする国家ではなく中国全土を領土とする中華民国という国家体制を支持しつつ, 台湾社会への愛着のなかで自己の居場所を決めている. 本章では主に中国へいつかは戻ることを当然とみなしていた一世, またはその一世の思いを知る二世に焦点をあて, 彼らの中国に戻らない選択を考察する. なお, 台湾という用語は地理的範囲を, 台湾社会という用語は政治環境, 居住環境などを含む生活する場を意味する.

　外省人の事例をミクロにみる前に, 移動にかかわるマクロな議論から外省人の特徴を整理しておきたい. 人々の移動に関して池田は二つの軸にもとづき4つの分類を行っている. ひとつの軸が自発性か非自発性か, もうひとつの軸が移動か

移動しない（非移動）かである．自発性かつ移動では労働移民化が，自発性かつ非移動ではシオニズム化が，非自発性かつ移動ではディアスポラ（原文はダイアスポラ）化が，非自発性で非移動ではアサイラム化がそれぞれ 4 つの領域の代表的事例としてあげられている（池田 2012：11-14 頁）．

　この分類にしたがえば，外省人の中国から台湾への移動は，移動と非自発性に該当し，外省人研究者の楊孟軒は一世の外省人をディアスポラの問題として捉える（楊孟軒 2010：573-579 頁）．と同時に現在故郷に戻らない外省人は自発的に移動しない人々である．すなわち，約 70 年という時間を経て，ディアスポラが定着・定住を選ぶようになったといえ，この二つの領域にまたがることが外省人の移動にかかわる特徴のひとつである．

　もうひとつ特徴的な点がある．移動をめぐる研究は，一方向の非常態的移動をめぐる研究と双方向的または多方向的かつ常態的な移動をめぐる研究とがある．前者の研究は，経済的政治的なプッシュ・プル要因を重視し，世界システム論など国民国家の枠を前提とし（重松 1995，イーズ 1996），ホスト社会へのゲストの同化や影響などが論じられてきた．後者ではグローバリゼーションという言葉で語られる資本と技術の移動，海外出稼ぎ，旅行などが取り上げられ，トランスナショナリズムという概念で捉えられてきた．さらに彼らの多元的帰属や多元的アイデンティティが注目され，上杉はトランスナショナリズムを「複数の国の国境を越え，長期間持続して頻繁にみられる，移民の多元的帰属意識ないし多元的ネットワークを巡る諸現象」（上杉 2004：20 頁）とする．

　この点についても外省人は二つの領域にかかわる．一世の外省人は国共内戦での敗走というかたちで台湾に非自発的に，そして中華民国と中華人民共和国という二つの国家（相互に承認はしていないが）の関係断絶のなかで戻ることをいったん断念し，結果的に一方向的移動をした．だが，1980 年代後半以降の中華民国と中華人民共和国の関係の緩和は，その境界を越えて移動することを可能とした．多くの外省人が台湾に家族などをもつと同時に中国の親族や残してきた妻などとの関係を回復し，境界を超えて往来するようになった．一方的な移動から中華民国と中華人民共和国の関係の変化によって双方的に移動し，かつ台湾と中国に何らかの帰属意識をもっていた．まとめると，移動・非自発性から非移動・自発性へ，一方向的移動から双方的常態的移動へという二つの領域変化が外省人の

もつ特徴である.

　ただし，双方向的常態的移動をする外省人であるが，その移動・非移動をめ
ぐっては国民国家の枠組みと無縁というわけではない．双方向的常態的移動を分
析対象とするトランスナショナリズムは，出身地と移住先の二つの世界で生きる
移民の現象を捉えることがその根本に存在し（Glick-Schiller et al 1994，Vertovec
2009），ブレッテルは「移民は最早『根無し草』ではなく，むしろ国境を越えて，
異なる文化と社会システムの間を自由に往来している（Brettell 2008：120 頁）」
とまで述べる.

　だが，「国境を越えて，異なる文化と社会システムの間を自由に往来している」
現象は，一見国家からの制約を超越しているようにみえるが，実際にはそうでは
ない．たとえば，アメリカへの移民や移民政策を研究する大井は，越境的な空間
がナショナリズムから自由ではないにも拘わらず，ポストモダン的な解放の空間
として考察されてきたと指摘する（大井 2006：148-150 頁）．ハナーツは，トラ
ンスナショナリズム的現象は，それが否定するナショナルなものがいまだに重要
であることに気づかせるという（Hannerz 1996：6 頁）．このことはトランスナショ
ナリズムの問題において，再度，国民国家という制度が人々をどのように規制し，
どのようにこれらの問題に入り込んで来るかということが重要な課題となってい
ることを示している（上水流 2017）.

　たしかに外省人の台湾と中国との単純な往来では「異なる文化と社会システム
の間を自由に往来している」可能性が高い．だが，居住地を台湾から中国へ移し
て往来するということには躊躇している．そこには，台湾の国家体制の変化にお
ける自分は何者かという問いの発生，中国にある故郷への思い，国家体制への不
満，台湾社会への複雑な思いが関係する．外省人の移動をめぐる考察でも国民国
家というマクロな要素への目配りは不可欠である.

　また，台湾と中国の間を移動する外省人を分析するうえでは，移動元と移動先
の二つの場所を視野にいれた研究が望まれる．移動元と移動先を視野にいれたマ
ルチサイトな研究は，本書のもととなっている 2015 年 12 月 6 日に東北大学東北
アジア研究センター 20 周年シンポジウムで行われた分科会「個人史からみる東
北アジアの人の移動」（瀬川昌久代表）で瀬川が移動研究の重要な点として指摘
している.

　さらに瀬川は，文化人類学的課題として移動する人々の主体性を問題にする．すなわち，「経済的・政治的・その他何らかの要因に促されての，マスとしての人々の空間的転移」と理解されつつも，「個々の人々はそれら諸要因のもとで受け身的に移動を余儀なくされる仮そめのアクターであるばかりではなく，移動を選択する個人や家族はその都度都度において状況判断を行い，また移動先の生活のなかでさまざまな試行や創意を行っている主体である」という．そして，その主体性に注目する場合，「人々の生活場面に微視的に密着し，彼らの迷いや決断やそれらの蓄積としての経験知に可能な限り寄り添うこと」が人類学に課された仕事であるという[注2]．

　実際，当該分科会の報告では個人の主体性に注目した発表がなされた．李華は，中国の朝鮮族の韓国での移動について個々の家庭状況と伝統的な家族理念の持続と変容について論じ，兼城は，福建省福州市の事例から経済的利益を求めつつ，国内で社会上昇が望まれない人々が日本への労働を行う姿を論じた．リー＝ペレス・ファビオ（以下，ファビオ）は，ひとつの国家に居場所をみつけることができず，国家を移動する人々の姿を描き，特定の文化・社会に制約され続けない生活を指摘した．

　この分科会では，移動に関していくつかの課題が明らかとなった．理論面ではマクロとミクロをどう結ぶかである．マクロな政治的，経済的な要因というものだけでは人は移動せず，サスキア・サッセンが述べるように実際，人が動くには具体的なつながりが必要である（サッセン 1992）．兼城発表では移動する人々には移住元の社会で社会関係資本がないと指摘したが，政治的・経済的マクロな構造的な要因と人々が生活世界のなかでおこる些細な出来事や人間関係（偶然ともいえる）とを結び付けて語る作業は主体性を論じるうえで今後も必要であり，両者が関連しない場合も含めた理論化やモデル化が望まれる．

　もうひとつは，移動の主体の検討である．ファビオ発表の事例は家族ともに別に住んでいて個々人がその選択の単位となっている．一方で，他の発表ではたとえば，子どものためにとか，家族のためにとか，家を建て直すなどという動機が移動には存在した．そこに出てくる主体は，私個人という単一の個人ではない．そう考えると主体は，必ずしも独立した個人という単純なものではないことがわかる．

　その個人についてファビオ発表では，さまざまな国家で身に着けた要素からな
る個人が想定されており，「モザイク型の自分」という用語で示されていた．複
数の国を渡り歩き生きていく人間には特徴的なことであろう．さらにそこで筆者
が想起したのは，アメリカの人類学者ラルフ・リントンが1937年に発表した"
One Hundred Percent American"というエッセイである．アメリカ人の暮らしがヨー
ロッパ，アメリカ，アジアなどのさまざまな文化の影響のもとに成立しているこ
とを書き，純粋なアメリカ文化などないことを皮肉っている（Ralf 1937）．1930
年代でもこのような状況であり，モノや人の移動が頻繁となった現在では，それ
はいずれの社会でも一層みることができよう．したがって，現代人の多くが実は
いろいろな要素を取り入れて，モザイク型の自分というものを成り立たせている．
　問題は，100％日本人，100％アメリカ人というかたちでモザイク型の自己を忘
れて1つのアイデンティティ（日本人なら日本人という）というものに集約させ
ていく構造である．ひとつに限った帰属は，政府が，または国内社会で「ある者」
を排除したり，受け入れたりするときに重要な指標となるもので，人々の移動を
考えるうえで重要な課題である．[注3]
　移住元と移住先というマルチサイトな視点，主体性の単位，ひとつに限った帰
属は外省人の分析においても欠かせない視点である．故郷の中国と現在の住処台
湾とを往復する外省人にとって，後述するように両者の比較から彼らの選択は生
れている．また中国に残した家族や親族というものは，彼らが往来を行う重要な
要素になっていると同時に親族の他者化も生み出している．主体性の単位は揺れ
ている．ひとつに限った帰属にしても，外省人というカテゴリーが彼らの台湾か
らの排除でも，また移動しない選択でも大きな影響を与えていた．
　本章では外省人という，移動した人々ではなく結果的に移動しなかった人を取
り上げることで，その場にとどめる要因に注目する．この作業を通じて移動した
人々から移動を分析することとは異なった角度から人々の移動への理解を進め，
政治的経済的マクロな動きを踏まえつつ「人々の生活場面に微視的に密着し，彼
らの迷いや決断やそれらの蓄積としての経験知に可能な限り寄り添うこと」を試
みたい．

2　本土化への外省人の反発と中華民国体制支持^{注4)}

　1945 年の日本の敗戦以後，国民党とともに 100 万人とも 160 万人ともいわれる人々が中国から台湾に移り住んできた．彼らやその子孫は外省人と称され，称するようになる．ただし，外省人，とくに一世が自らを外省人と自称することは少ない．「外省人」という単語は，元来，本省人（日本植民地以前から台湾に移住した者を祖先にもつ漢人の人々）が他称する用語で，外省人と称される人々の多くは出身地にもとづき広東人や山東人，四川人などと自称し，外省人と呼ばれることに不快感を示すこともある．

　台湾の脱植民地化が当事者ではなく国民党に代行されたことは，外省人と本省人にとって彼ら自身のアイデンティティや中華民国への感情，国家のあり方を考えるうえで重要な意味をもってきた．戦後直後台湾は，国民党とともに当該地域に来た外省人が政治の中枢を握り，本省人は日本の植民地支配を受けたため，「奴隷根性」があるとして差別された．日本敗北直後，祖国復帰を歓迎した本省人は，外省人の彼らへの差別的態度，外省人に偏った政界・官界での登用，賄賂の横行から，中華民国政府や国民党，外省人へ失望と反発を覚えるようになった．

　その亀裂は，228 事件によって決定的なものとなった．228 事件とは，1947 年2 月に発生した本省人による外省人統治への抵抗運動に対する国民党による弾圧である．数万にものぼる本省人が虐殺され，政府による正式な謝罪は 1997 年までなかった^{注5)}．1949 年からは約半世紀，台湾では戒厳令が敷かれ，独裁政治が行われた．その間，白色テロとされる国民党による本省人への弾圧は続いた．本省人は，日本統治が終わって外省人や国民党の統治が始まったことを称して，「犬が去って豚が来た（日本人は犬のように門番ぐらいの役には立ったが，外省人や国民党は食べるだけで何も役に立たない）」と語るようになった．台湾社会の省籍問題の始まりである．省籍問題とは，少数の外省人が多数の本省人を統治することから生まれる両者の対立である．通婚も少なかったとされる^{注6)}．

　また戦後，国民党は国家統合を中国全土の正統な継承者としての立場から実施しようとした．台湾の「中国化」である．たとえば，言語では新たに中国語を国語と定め，学校では閩南語や客家語など母語の使用を禁じた．また教育では台湾ではなく，中国を中心とした地理や歴史の教育を行った．政治面では，国民党に

とっては中華民国の領土は中国を含むものであり，首都は南京であった．台北は臨時首都に過ぎなかった．本省人エリートは日本人による教育を受けており信用できないということから，とくに中央政治では外省人の登用を重視した．また立法委員（国会議員に相当）も国共内戦時に中国で選ばれた者（中国の選挙区の代表も含む）が，そのまま 1992 年の全面改選まで国会議員であった．

　「中国化」の状況は 1980 年代に始まる民主化以降，蒋経国が民主進歩党（以下，民進党）の結成を容認し，李登輝が蒋経国の死去にともない副総統から総統になって急速に変化した．「本土化」と言われる変化である．

　「本土化」とは，「中国化」という 1990 年代最初まで中国全土を含む中華民国という体制にもとづき政治，教育，文化などを形作ってきた国家のあり方を，実際の統治地域にあわせてそれらの制度を作り替えていく動きである．その結果，政治では国民党が台湾に敗走してくる以前に選んだ立法委員を辞めさせ，台湾から選出された立法委員へとその構成を変えた．文化的にも自らの文化への重視が進み，国語である中国語以外に母語教育の推進や自らが住む地域の郷土文化の見直しが進んだ．歴史についても中国を中心とした歴史のみならず，台湾または自らが居住する郷土の歴史を学ぶことが開始された．

　台湾独立を目標とする民進党の陳水扁大統領（2000 ～ 2008 年）になると，中華人民共和国と台湾にある中華民国は統一される必要のない別々の国家であり，台湾は台湾だという認識が台湾に急速に広がった．中華民国＝台湾とする認識も若年層を中心に浸透した．それは中国全土を領土とする中華民国の憲法にもそぐわず，また中国との統一を党是とする国民党の考えにも反するものであった．

　この中華民国の本土化は，台湾以外の中華民国の領土出身の中華民国国民にとって許しがたい重大な出来事であった．たとえば，韓国には中華民国籍をもつ華僑（以下，韓国華僑）が約 2 万人いるとされるが，彼らが台湾しか統治していない中華民国に帰属意識をもつのは，憲法上中華民国が中国全土を統治するとしているからである．韓国華僑の多くは山東省の出身だが，憲法上山東省は中華民国の領土であるゆえに中華民国に帰属意識を見出し，中華民国という体制を支持する．したがって，李登輝が主張した「中華民国在台湾（中華民国は台湾にあり）」や「中華民国不存在（中華民国は存在しない）」には反発を強く覚える．ましてや台湾独立となると，彼らが中華民国政府を支持する理由はまったくなくなる（上

水流・中村 2007）．それは外省人も同様である．

　本土化は台湾中心の国家体制希求の運動へとつながり，それまで強権体制のも
と覆い隠されていた，中華民国か「台湾」という国家か，中華人民共和国との統
一か台湾独立の希求かなどの台湾内部の対立を表面化させた．そして，本土化は
さらに中華民国体制において優位な立場にいたとされる外省人にも大きな影響を
与えた．たとえば，本土化において本省人のなかには外省人の国家認識を検討し
た高格孚が指摘するように外省人に向かって「台湾から出て行け」と語る者もい
た（高格孚 2004）．

　実際，本土化の外省人へのインパクトは大きかった．台湾東部に住む外省人二
世の 30 代男性・陳（仮名．以下，同じ．父親は江蘇省出身）は，中学生である
自分たちの子どもとは省籍問題についての認識が異なる理由として，本土化の経
験の有無を指摘した．彼は「自分たちの子どもの世代には省籍問題は基本的に存
在しない．あったとしても，それはとても軽いものだ」と語る．その理由を聞くと，
「本土化を経験していないからだ」と答えた[注8]．「本土化は外省人の排除でしかなく，
そのような目にあった者となかった者では本省人に対する感情が異なる」と語っ
た（2010 年 8 月．調査日時，以下同じ）．

　本土化は外省人の排除ではなかったが，外省人の多くが，本土化を外省人の排
除として受け取っていた．外省人二世の立法委員は戸籍法の改正の議論のなかで，
「外省人が政治的にも経済的にも不利になると，父親の省籍を引き継ぐ下の世代
の外省人が就職で不利な待遇を受ける」と心配した（王甫昌 2005：96-97 頁）．また，
台北市内に住む 80 歳代の一世女性・林（江蘇省蘇州生まれ）は，2012 年の大統
領選挙で民進党が再度政権を取るぐらいなら中国共産党（以下，共産党）による
統一がましだと語るが，彼女によれば，陳水扁の時代は外省人である立場を傷つ
けられた時代であるという．本土化の波に逆らうことができず，受け入れるしか
ないと考えていたと語る．閩南語は本省人のなかでも福建に祖籍をもつ閩南系（台
湾人口の約 7 割を占める）の母語であるが，彼女は閩南語を話すことができない．
だが，陳水扁大統領の時代，しばしば閩南語で話しかけられることに困惑してい
た．昔はこのようなことはなかったと感じていた（2009 年 12 月）．

　花蓮で民宿を営む 40 歳代の男性・習は，「統一」という名前をもつ．彼は 30
歳前半で軍を退官した．彼は陳水扁大統領時代について，「なぜあそこまで我々

を嫌い追いだそうとしたのか，わからない」と語った．軍隊で働いていたことも
あり，一度として台湾を離れたことがない自分がどうして出て行けと言われるの
かまったく理解できないと怒っていた（2010 年 8 月）．

　20 歳代で三世の女性・馬（祖父は四川省出身）は彼女自身「四川人」と語る
のだが，「先住民族の文化は別にして中国から来た文化を除けば，何が台湾に残
るのか．言葉も食も宗教も中国から来たものではないか」とまで語り（2007 年 8
月），台湾文化は中国文化の一部だと強く主張する．中央省庁の高級官僚（50 歳
代外省人二世の女性）・王は，陳水扁を恥知らずだと批判したうえで自国を「台湾」
と語ることを嫌い，常に「中華民国」と称し，それを相手に求めた（2010 年 1 月）．

　このように本省人エリートが増えて外省人の地位が相対的に低下する感触，日
常的に閩南語を話すことを当然視される状況，中華民国ではなく台湾という国家
を重視する認識を求められることなどから，筆者が知る外省人は，本土化におけ
る外省人の排除を感じとっていた．彼らは中華民国体制を支持し，本土化に強く
反発した．

3　他者化した故郷と台湾社会への愛着

　現在，台湾の外省人，本省人を問わず 200 万人とも 300 万人ともいわれる多く
の人々が中国でビジネスを行っている．その理由は，経済発展著しい中国ではチャ
ンスが多い，言語も通じる，何らかのつながりがあることがその要因である．で
は，台湾から故郷中国に移り住まない外省人には何があるのだろうか．筆者が話
を聞いた一世，二世とも全員が「こちらに生活基盤がある」，「仕事が中国にはな
い」，「子どもや孫，その家族がいる」ことを移動しない理由にあげた．これらが
移動しない主要な要因であることは否定できない．だが，それらがすべてではな
い．「彼らの迷いや決断やそれらの蓄積としての経験知」ともいえる中国や台湾
への複雑な感情や思いが理由として存在していた．

　中国に住むことが可能となった以後も多くの一世の外省人が台湾に住み続け，
中国に住む人間はわずかであることを楊孟軒は指摘する．彼らは故郷での生活が
自由快適だとは考えられず，故郷に定住するのではなく，故郷を訪れることを選
んでいる（楊孟軒 2010：573-579 頁）．また，台北県の眷村（台湾に来て外省人

が多く集住させられた地域）を調査した何思瞇によれば，彼の調査した眷村の一世の外省人は，中国の故郷に戻るものの「台胞（台湾同胞）」と中国で呼ばれ，故郷を自分が生まれ育っただけの土地と認識し，40 年住んだ台湾に深い愛着を覚えるという（何思瞇 2001：52-54 頁）．

　この深い愛着とはどのようなものだろうか．筆者の調査からもう少し探っていきたい．新竹市の眷村博物館などでボランティアをする新竹に住む外省人二世の40 歳代女性・黄は，眷村に住んでいた外省人一世のなかで中国に戻った人々の多くが戻って来ていると筆者に教えてくれた（2009 年 8 月）．台湾の生活に慣れた彼らは，中国の生活レベルに慣れることができないという．また，お金をもっているあいだはよいが，お金がなくなると親戚らがまったく相手にしてくれず，寂しい生活になるからだと指摘する．

　お金がなくなると大変だという話は，浙江省出身で花蓮在住の一世の頼も筆者に教えてくれた．彼自身も故郷に戻って住むことはせず，年に 2 回ほど訪問する生活を選んでいる．子どもたちも台湾で暮らし，台湾の生活に慣れたと語る．彼のまわりにも中国に定住することを決め移り住んだ者がいるが，その多くが戻ってきているという．台湾に戻る大きな理由が，お金だと筆者に教えてくれた．お金がなくなると，中国の親戚らが台湾から移り住んだ外省人に対して無関心になると語る．そのような中国のあり方に失望して戻ってくる（2010 年 8 月）．

　これらの事例は，移住しない要因が金銭をめぐる親族などとのトラブルである．だが，理由は金銭トラブルだけに限らない．民進党よりも共産党の統治を望む林は，中国への訪問が可能になった後，何度も中国を訪ねている．筆者もたびたび中国訪問の思い出を楽しく聞かされた．そこで 2009 年の年末に彼女に「もし台湾と中国が統一されたら中国の故郷に住む意志があるか」と聞いたところ，彼女は「いいえ」と即答した．その理由を尋ねると，台湾社会の暮らしが気に入っているという．彼女は映画をみることが大好きでアメリカ映画を含めてさまざまな映画をみる環境をとても愛していた．台湾ではできても，中国ではできないとする．「台湾は交通も便利で，好きな映画や劇をみることができ，自由に活動できる．中国ではそのような生活は無理だからだ」と語る．さらにきちんと並ばない，大声で話すなど中国はマナーが悪いという（2009 年 12 月）．

　政治的状況も重要な選択要因となっていた．河南省出身で花蓮に住む新聞記者

であった柯は，幼いころ台湾に渡ってきた一世である．彼も台湾から離れるつもりはない．彼は台湾社会を民主化され，経済が発展し，自由がある国だと述べた．中国にはそれらがないと語った．このような台湾社会を作り上げてきたことに誇りを感じ，ペンを通じてそれに貢献してきたという自負を彼はもっていた（2010年12月）．台湾に独自の文化はないと言い切る三世の馬も中国に住む気はないという．彼女も中国の父の故郷を訪れたことがある．台湾社会は自由だという．中国は違うのかと聞くと，中国は共産主義で違うと答えた．彼女は「台湾は自由だし，生活も進んでいて，発展している．そのような台湾が好きだ」と述べる（2010年8月）．

　衛生問題も移住しない重要な要素となっている．花蓮在住二世の陳は，中国の故郷に父親と訪問したことがある．中国の親戚に初めて会ったとき，知らず知らずのうちに涙が出たという．だが，自分が中国に住むことはないと筆者に語った．風呂やトイレなどのレベルが低すぎて，無理だという．数日いるのがやっとで，父の故郷は自分たちのルーツで親戚が住む故郷だが，それだけだという．台湾という場所が自分は好きだと筆者に教えてくれた（2010年8月）．

　台北市内で飲食店を開く40歳代の女性（父親が四川省出身）・許は，やはり父親を連れて中国の親戚を訪問したことがある．彼女自身もトイレなどの衛生状況が悪くて住むことはないと語る．せいぜい父親を連れて帰るぐらいのもので，自分自身はあまり訪ねる気持ちにもならず，父親も中国に戻って住む気はないという．馬英九前大統領（2008〜2016年）は中国人の台湾観光を解禁したが，飲食店をしている彼女は中国の人間をうるさいと感じていた．どうしてここまで大きな声を出して歩かないといけないのか，わからないと語った．本音を言えば，中国の人間は嫌いだと語る（2010年3月）．

　ここまでみてきたように故郷であった（ある）中国やそこに住む親族を含めた人々との直接的な接触，その拡大は外省人に「同じ一族」，「同じ民族」という親近感だけを生み出してはいない．中国との直接的な広範な接触の拡大は，中国が懐かしい故郷というよりも，生活レベルや人間関係，公共性という点で違和感を覚えさせた．一世にとっては，違和感なく存在した土地が慣れない異質なものに感じる経験でもあった．二世，三世にとっては親の故郷に過ぎず，なじめない場所であった．国家として台湾に圧力をかける共産党に対する反発は外省人のなか

にもあるが，これらの違和感はそれとは異なるもので，生活世界においても中国はなじめない異質な他者として存在する．このような中国像は，直接の往来がない，または極端に制限されていた時代にはあり得ず，1980年代末から徐々に拡大された接触によって生じた現象である．このように中国は自らが戻るべき，アイデンティファイできる場所では決してなかった．

　一方，台湾社会についてはどのような感情をもっているのだろうか．本土化に反発し，中華民国体制を支持する外省人でさえ，台湾社会への愛着も同時にもっており，中華民国体制の支持と台湾社会への愛着は矛盾するようにみえて，彼らのなかで矛盾するものとはなっていない．

　花蓮在住一世の頼は，階級の低い軍人を事例に次のような話を語った．「中国から渡ってきた軍人が戦後数十年たつなかで高齢化し，共産党との戦争も発生しないなか，彼らは軍事的活動ではなく，台湾の道路など社会資本の整備にかり出されるようになった．なんら労働をせずに給与を渡すことは良くないため，道路建設などの肉体的に厳しい仕事に従事するようになった」．今の台湾社会があるのは，外省人の我々も苦労して働いてきたからだと筆者に強調した．この点を頼がわざわざ述べた理由は，外省人が台湾の豊かさを奪ってばかりいるという考え方を意識したからである．「犬が去って，豚が来た」という考えに対して，頼は「外省人の我々は台湾社会に役立ち，無駄飯を食べたのではない」と強調した（2010年8月）．

　河南省出身の柯も，蔣経国の貢献が大きかったと述べる（2010年8月）．それまで貧しかった台湾がこのように発展したのは，蔣経国が台湾のことを考え，高速道路を造り，港を整備したからだと述べる．それまでは魚さえも満足に食べることができないような台湾社会であったが，1970年代に急速に発展していくようになったと語る．

　国民党が来るまで貧しかった台湾という認識は，民進党よりも共産党を支持する林にもみられた感覚であった．靴をはいている人は少なく，多くが裸足で貧しかったと彼女は語る（2007年12月）．背が低くて，でもまじめに働くという感じだったと，本省人との出会いを語る．そして，国民党が統治することで台湾は，現在のように豊かになったと筆者に説明した（2009年12月）．

　花蓮在住の二世である陳は，本土化の問題と関連して次のように述べる（2010

年8月）．「貧しかった台湾がこんなに豊かになった．そこに我々外省人の貢献もあったはずだ．しかし，経済が発展した今の段階になって，本土化のもと『外省人は台湾を出て行け』という話は酷すぎる」．現在の台湾社会の繁栄をまるで本省人だけで作ったかのような認識について，陳は反感を覚えていた．新竹在住で博物館のボランティアをする黄も，「中国から渡ってきた外省人にはとても優秀な人間がいた．彼らがいたからこそ，ここまで台湾が発展した」と述べる（2010年8月）．「もちろん，最初に陳儀とともに渡ってきた人間のなかにはよくない人間もいたが，それがすべてではなかった」という．

　このように外省人も現代の台湾社会の構築にかかわったことをきちんと認めるべきだという主張を多くの外省人インフォーマントが語った．貧しい台湾から現代の豊かな台湾への発展において，外省人の貢献は，不可欠であったという．そして，中国との違いを実感したうえで，住み心地のよい，民主化され，発展した台湾社会を彼らは誇りに思い，大事なものと考えていた．

　すなわち，筆者が調査した外省人は，中国とは異なる，この豊かで便利で自由のある台湾社会で暮らすことに満足感を覚え，自分たちがそのような生活を生み出して来たことに自負を感じていた．自らの存在は，台湾社会で排除されるべき対象者ではなく，社会を構成するに足る存在だと思っていた．台湾社会の構成者という認識である注11．

　その背景には，本土化での排除への反動があった．彼らが本土化のなかで感じとった「おまえ達はよそ者だ」というメッセージは，彼らが台湾に住む正当な権利があることを，豊かな台湾社会の構築への貢献という理由から強く意識させた．さらに中国や中国の人々，親戚との接触において，自らの故郷であった中国が異質な他者として認識され，その結果，台湾の繁栄を彼らに一層実感させ，台湾社会への愛着を増すものにしていた．

4　移動問題にみる「構成者」という要素

　外省人にとって当初，台湾は「反抗大陸注12」のあと統一するまでの仮住まいに過ぎなかった．いつかは中国に戻れる，戻るものと考えていた．だが，国際政治の状況はそれを許すものではなかった．その後，平和裏に中国に戻ることができる

ようになっても戻らない一世，二世が大半であった．その理由を台湾に生活基盤があるからということはたやすい．しかしながら，「移動しない」選択の背景にある過程や要因は本章でみてきたように複雑であった．

　ここまで「外省人」というカテゴリーで彼らを論じてきたが，当然ながら本章で紹介した人物が常に外省人と自己認識して行動するわけではない．モザイク型の自己であり，その行動の一部には本省人の影響を受けて本省人と類するものがある．元来，個々人が「外省人」と言われることを心地よく受入れ，みずから自認しているわけではない．だが，本土化は，彼らを「外省人」というカテゴリーでとらえ，彼らにそのカテゴリーで考え，行動することを迫った．本土化は彼ら個々人に向けられたものではなく，中華民国という国家体制を支持する「外省人」という単位に向けられたものであった．したがって，外部からの彼らへの「外省人」という呼びかけに対して，彼らも呼応せざるをえず，呼応したものに過ぎない．ここには国家体制のあり方が個人を規制する過程がみてとれる．

　戻らない要因のひとつに台湾社会への愛着があった．中華民国という国家体制を支持しつつ，自ら生活する場としては台湾が好ましいと判断をしていた．だが，それは単に台湾が好きだというものではない．たとえば，アメリカの価値観が移住元の国の価値観よりも好きだとか嫌いだとかいうものとは質的に異なる．本章で紹介したように外省人は，日本に統治され，貧しかった台湾を豊かで住みやすい台湾社会にしてきたのは，外省人や国民党であるという自覚がある．彼らはもともと移住者ではあったが，台湾社会の豊かさの恩恵を一方的に受けているだけの単なる移住者ではない．中国と比べても台湾社会の住みやすい環境を作り出してきた台湾社会の構成者であり，それゆえに台湾にいることは当然の権利であり，よそ者ではないという思いである．このような思いは，中国山東省出身者が多い台湾在住の韓国華僑にはない（上水流 2012）．

　この特徴を考えるとき，日本を離れない日本人，アメリカの価値観を愛する移住者，自国の価値観が嫌いで国を離れる人々において，移住先や移住元の豊かな社会の構築に貢献したという自覚はあるだろうかという疑問が浮かび上がる．ここに台湾という仮住まいを自らの家とした外省人の移動をめぐる特徴がある．^(注13)

　そして，このような外省人の認識も中華民国と中華人民共和国の政治的関係，台湾の経済的変化のなかで生まれてきた偶然の産物に過ぎず，外省人の非移動を

支える台湾社会の構成者という認識は，本章の第1節で述べた彼らの特徴と深く関係している．ひとつは台湾を統治する国民党とともにディアスポラとして移動した彼らが長年戻れず不本意にも定着化したという特徴である．単なる移民ではなく統治者層に置かれた彼らは，道路工事に従事する一労働者であれ台湾の発展に関与することとなった．自分たちが来たことによって植民地支配を受けた台湾は，変わったのである．少なくとも彼らはそう考えていた．

　もうひとつは一方向的移動から双方向的かつ常態的移動への変化という特徴である．最初の移動は故郷中国という思いを維持させ，1990年代以降の双方向的常態的移動は，故郷への訪問を可能とすると同時に故郷中国像が崩れていく過程でもあった．この質の異なった二つの移動が台湾社会への構成者としての愛着を強化させた．

　現在，中華人民共和国の経済力，政治力は本章の主なデータである2010年前後と比べてもかなり巨大なものになっている．中華民国と中華人民共和国の関係も馬英九政権を経て蔡英文政権となり，大きく変化した．したがって，外省人が中国をいかなる眼差しで眺めるかは，本章で分析した状況と同じとは限らない．また筆者の能力不足から中国に移住した外省人への調査が行えていないが，中国へ移り住んで定住した外省人への調査を通じて「豊かで自由な台湾社会を構築した」という台湾社会の構成者という認識の妥当性を考察すべきであろう．さらにいえば，台湾という場を自らの国家として当然視し，中国を生まれながらにして他者と感じる三世，とくに四世にとって中国は戻るべき故郷ではないと推測される．その場合，一世や二世に特徴的であった台湾社会の豊かさを構築してきたという構成者の意識はどうなるのであろうか．三世や四世の意識は，自発的移動にもとづく他地域にみられる労働移民の三世，四世と移住元への思いは変わらないのだろうか．外省人を基軸として考察すべき移動をめぐる課題はつきない．

付記
　本章の調査では多くの台湾の人々のご協力を得ました．また本章のデータはアジア経済研究所の「台湾総合研究III」（代表佐藤幸人），JSPS科研費21320072，JSPS科研費22251012の支援を得て収集いたしました．感謝申し上げます．

注
1) 外省人でも三世，とくに四世では中国へ特別な感情をもつことも少なくなり，台湾人という
　意識が当然だとされる.
2) 瀬川昌久「個人史から見る東アジアの人の移動—マルチサイトな人類学の挑戦　趣旨説明と
　登壇者紹介」による.
3) このほか，分科会の発表を通じてジェンダー役割が支える移住の様相（女性が移住元に残り
　子どもや老親の世話をする.「外国に働きに行け」と女性から言われる中国人男性），移住先
　でジェンダー役割が変容しても移住元ではむしろその強化がなされる状況，移住を繰り返す
　若年層へのライフコースという分析視点の導入（高齢になったときにどこかに居場所を定め，
　そこにアイデンティファイするのか），中国の発展と国外移動の相関関係，出稼ぎから戻ら
　ない選択をした人々や国を捨てる選択をした人々へ焦点をあてる必要性など移動をめぐる理
　論的，事象的課題を見出した.　本章は，「戻らない」に関する考察のひとつである.
4) 以下の外省人についての具体的な記述は，上水流(2012)を一部改変・加筆したものが主である.
5) 抵抗運動勃発の初期では本省人が優勢であり，外省人への暴力も横行し，228 事件には外省
　人被害者もいる.
6) 筆者が知る現在の若年層の多くは，省籍問題は過去の話だとする.
7) 1996 年から中華民国の国家元首である「総統（中国語）」は直接選挙で選ばれるようになった.
　そこで，1996 年以降の総統は，日本語の総統のもつ独裁的意味合いを避けるため大統領と
　本章では表記する.
8) その他の理由としてインタビュー当時，外省人の馬英九政権時代で本土化も一段落していた
　こと，台湾生まれの三世・四世の外省人と本省人とでは共通したライフスタイルをもつこと
　もあろう.
9) 陳水扁の台湾を中国とは別の国家とみなす政策は，共産党の反発を招き，国際社会での台湾
　の一層の排除や中国でビジネスを行う台湾企業への圧迫を招いた.
10) 228 事件発生時の台湾の実質的統治者で，悪政を行った.
11) この点について上水流（2012）で韓国華僑との比較，眷村の記憶の展示の分析など詳細に
　検討した.
12) 中国は中華民国を指すという認識が台湾では過去強くあり，現在でも中国を「大陸」と称
　することが多い.
13) 自由で豊かな社会への愛着という本章の着目点は，香港社会をめぐる近年の移動・非移動
　にも応用できる視点であろう.

文献一覧
高格孚
　2004『風和日暖　台灣外省人與國家認同的轉變』，台北：允晨文化.
何思瞇
　2001『臺北縣眷村調査研究』，台北縣：臺北縣政府文化局.
池田光穂
　2012「コンフリクトと移民：その新しい研究にむけて」，池田光穂編『コンフリクトと移民：
　　新しい研究の射程』，大阪：大阪大学出版会：3-30 頁.
イーズ，J. S.
　1996「世界システムの展開と移民」，青木 保・内堀基光・梶原景昭・小松和彦・清水昭俊・
　　中林伸浩・福井勝義・船曳建夫・山下晋司編『岩波講座　文化人類学第 7 巻　移動の民族
　　誌』，東京：岩波書店：97-125 頁.

74

上水流久彦

    2012「台湾の本土化後にみる外省人意識」，沼崎一郎・佐藤幸人編『交錯する台湾社会』，東京：アジア経済研究所：139-174 頁.

    2017「トランスナショナリズム──八重山と台湾の国境から考える」，上水流久彦・尾崎孝宏・川口幸大・太田心平編著『東アジアで学ぶ文化人類学』，京都：昭和堂：151-167 頁.

上水流久彦・中村八重

    2007「東アジアの政治的変化にみる越境──台湾の韓国華僑にとっての中華民国」『広島県立大学論集』（県立広島大学生命環境学部）11-1：61-72 頁.

大井由紀

    2006「トランスナショナリズムにおける移民と国家」『社会学評論』（日本社会学会）57-1：143-156 頁.

サスキア・サッセン（森田桐郎ほか訳）

    1992『労働と資本の国際移動──世界都市と移民労働者──』，東京：岩波書店.

重松伸司

    1995「国際委員研究の課題と動向──南アジア移民研究との比較視座──」『国際開発研究フォーラム』（名古屋大学大学院 国際開発研究科）2：265-276 頁.

上杉富之

    2005「人類学から見たトランスナショナリズム研究──研究の成立と展開及び転換」，『日本常民文化紀要』（成城大学大学院文学研究科）24：1-43.

王甫昌

    2005「由『中國省籍』到『台灣族群』──戶口普查籍別類屬轉變之分析」,（『台灣社會學研究』（中央研究院社会学研究所・台湾大学社会学系）9（6 月）：59-117 頁.

王宏仁・郭佩宜

    2008「導論：跨國的台灣・台灣的跨國」，王宏仁・郭佩宜主編『流轉跨界：跨國的台灣・台灣的跨國』（中央研究院人文社會科學研究中心・亜太區域研究專題中心）：1-32 頁

楊孟軒

    2010「五零年代外省中下階層軍民在臺灣的社會史初探──黨國，階級，身分流動，社會脈絡，兼外省大遷徙在「離散研究」diaspora studies 中的定位」，鄭欽仁編『中華民國流亡台灣 60 年暨戰後台灣國際處境』台灣：前衛出版社：508-584 頁.

Brettell, C. B.

    2008 Theorizing Migration in Anthropology: The Social Construction of Networks, Identities, Communities, and Globalscapes. C.B. Brettelland J. F. Hollifield (eds) *Migration Theory: Talking across Disciplines* Second Edition, New York and London: Routledge: 113-159.

Glick-Schiller, Nina; Basch, Linda; Szanton-Blanc, Cristina

    1994 From Immigrant to Transmigrant: Theorizing Transnational Migration. *Anthropological Quarterly* 68:48-63.

Hannerz, Ulf

    1996 *Transnational Connections: Culture People Places*, London: Routledge

Ralph Linton

    1937 One Hundred Percent American. *The American Mercury* 40: 427-429.

Vertovec, S.

    2009 *Transnationalism* (Key Words). London and New York: Routledge.

第5章　脱ヘル朝鮮という希望

もうひとつの非政治経済的な移民動機の事例研究

太田 心平

Ota, Shimpei

> ソウルのカフェでコーヒーを飲んでいたときに決めたんです．隣の席に
> おじさんたちが座ったんですけど，あの大きな声，汚い会話，クチャクチャ
> 音を立てる口．（中略）マナーもセンスもない．あのとき，韓国のすべてが
> 気持ち悪いと思うようになってしまって……．
>
> ——28歳の韓国人女性がアムステルダムで

　人々はどうして移住・移民するのか．この根本的な問いは，移住・移民研究に
おいて，常に議論を左右する事柄だろう．たとえば移出や移入の動向を明らかに
する研究では，移出入の件数が増減している理由や，移動の元や先の変化を研究
者が説明するため，人々が移動する動機を同定する必要がある．あるいは移動先
で人々がどう社会適応するかを考える研究にしても，母社会の暮らしと移動先の
暮らしの差を研究者が考えざるをえず，どういう問題を解決するための移動だっ
たのかを把握すべきだ．移動後の人々がもつアイデンティティの研究でも，移動
の前後の社会にどんな差があるのかを，当事者の認識レベルでひもとかねばなら
ない．つまり，これらすべてが，移動の動機を解明すること抜きに進まない研究
のはずである．

　しかし，多くの移民・移住研究が移動の動機を自明にしている．つまり，政治
的なもの，ないし経済的なものと，決めつけてきた向きがある．ここで政治的な
動機というのは，強制移住，難民，亡命に代表されるものであり，他方で経済的
な動機とは，よりよい賃金，社会資本，機会を求めるというものである．

　だが，実世界で人々を移動に駆り立てる動機は，そう簡単なものでない．この問題を考えるときによく紹介されるのが，もう 30 年近く前の雑誌論文である．そこでは，若い専門職従事者たちの移民動機が，給与や職種やその他の待遇の良し悪しのみよるものではなく，むしろ個人のキャリア・デザインから発していると主張された（Winchie & Carment 1989）．あるいは，そもそも動機というもの自体が，ひとつに同定されがたい複合的なものであることも，注意を要する点である．ある者，ある集団にとって，政治経済的な動機が移動を呼ぶ主たる要素だとしても，それがすべてだとは断言できない．そして，場合によっては，政治経済的な動機で塗り固められ，他者からはそのコーティングされた部分しか見えないものの，内実にはコーティング以上の非政治経済的な動機をもつ移動者もいる．

　本章では，近年に韓国で問題となっている若者層の大規模な韓国離れの現象を，インタビュー調査をもとに紹介する．その結果，この現象の表層を塗り固める政治経済的な物語だけでなく，その内実にある韓国人の母国への感情（emotion）や，そこに生じる情動（sentiment）の一端が明らかとなる．また，どうして動機のコーティングが行われることになるのかを，彼／彼女らの場合について明らかにする．これにより，これまで政治経済的要因だけで語られてきた移住・移民現象についても，再考してみる余地があることが提起される．

1　絶望移民からの教訓

　大韓民国統計庁によれば，「在外同胞」（朝鮮半島を離れて生活する韓国・朝鮮系の人々）の総計は，在外公館からの報告を集計した結果，約 718 万 5,000 人（2015年）だという．同年の大韓民国の人口が約 5107 万人，朝鮮民主主義人民共和国の人口が 2,516 万人だったことを加味すれば，在外コリアンの数の多さは明らかである．しかも，ここでいう各公館からの報告数は，駐在国の統計，「韓人会」などの現地のコリアン団体の調査資料，在外登録簿などの公館の記録，そして直接調査などをもとに推算した数にすぎない（統計庁 2015）．北朝鮮籍や朝鮮籍のままの者，すでに帰化したが現地社会に溶け込んでいない者，ビザなし渡航をくり返す者など，朝鮮半島とも現地のコリア社会とも依然として強い繋がりをもつ者が，この統計には少なからず漏れている．

　　歴代の韓国人国外移民者の移民動機は，一般的に 3 つに分けて説明される傾向が強い．1950 年代から 70 年代までは，国内が朝鮮戦争で荒廃し，経済成長も緩やかだったため，生きていくための「生存移民」がほとんどだった．80 年代には，高度経済成長期をむかえ，上流階層の人々がよりよいインフラやキャリアを求めて移民するという「QOL 移民」が，これに加わって目立つようになった（『韓国日報』9 月 23 日（30 版）: 6 頁）．対して 90 年代以降は，韓国が先進国化したことや，米国などの移民要件が厳しくなったことにより移民の数が減り，子女教育や事業展開のための移民ないし長期在外が主になったとされる．

構造調整下の経済難民と亡国の政治難民

　　しかし，2000 年代初頭，韓国人の移民の新たなトレンドが新聞紙上を賑あせたことがある．それが「絶望移民」だ．たとえば，2001 年正月の『国民日報』は，新年を物語る 5 大キーワードのひとつとして，このことばを選んでいる．そこで記者は，この年に韓国人の国外移民が着目される背景を「構造調整による失業，不正腐敗，政治混乱，私教育費の急増」とし，やはり政治経済的な動機で移民を語っている（05 版: 5 頁）．とくに，1997 年の連鎖倒産，株価暴落，ウォン貨急落から発した金融危機（いわゆる「IMF 経済危機」）から続く失業問題は，韓国産業界全体の構造調整という最終局面をむかえており，人々の暮らしに深刻な影を落としていた．このため，ほとんど「生存移民」と変わらないような動機から韓国を後にする人々が，マスメディアに注目されていたわけである．

　　だが，こうした難しい専門用語が行き交う局面を，マスメディアを含む韓国社会が冷静に直視していたとは言い難い．韓国政府の要請に応じて金融支援と管理体制を提供した IMF（国際通貨基金）をまるで侵略者のように批難し，すべての生活的困難を「IMF（アイエメプ）」（国際通貨基金，経済危機，悪い状態／奴らなど，状況に応じて指示内容を変える名辞）のせいにするという民衆的理解にもとづく寓話が，社会の多様な層を席巻した（太田 2003）．こうした社会文化的な現象下で母国を去ろうという移民たちは，実情がどうであれ，経済難民や政治難民なみに哀れみの対象とされたものである．

魂の逃避とユートピア志向のハビトゥス

　ただ，「絶望」という語彙からもわかるとおり，韓国の記者たちが人々の心のうちに見ていたものは，経済危機ばかりでない．たとえ絶望の背景が経済危機だったとしても，情動という，これまでと違ったところに移民動機が見出されはじめたのだ．

　ちょうど同じ時期，筆者は 1980 年代の韓国民主化運動の記憶を調査研究していた．運動に身を投じることで青年期を過ごした世代は，30 代中盤から 40 代前半になっていた．リストラの対象となることの多い年代でもあったが，筆者の調査対象者たちのなかにリストラされて移民する人はいなかった．その代わり目立ったのが，政府への反発，なかでも遅々として進まない政治や社会の民主化への反発から，韓国に見切りをつける人々だった．彼／彼女らは，経済危機からの難民でも，外国勢力に支配されることになった母国からの亡命者でもなく，いわば魂の逃避者だった．

　さらには，自分たちの世代がその「熾烈」な感情趨勢などを理由に，他の世代から異質なものとみなされ阻害されているという意識も，彼／彼女らが韓国を去る理由を説明するうえで，むしろ十分な説得力をもっていた．韓国は愛国主義と民族主義の強い文化をもつ社会として表象されることが多いが，まさにそうした国家と民族に受け入れられないことに，この世代は生きづらさを覚えるというのである．それに苦しんだ結果が，韓国を後にすれば別人として生きることができるという希望を，この世代の精神世界に芽生えさせていた．

　この別人になってしまうという希望は，かつての民主化運動で彼／彼女らが慣れ親しんだユートピア志向と親和性をもつようなものだった．ユートピア志向とは，＜いま・ここ＞にある困難を乗り越えるため，＜いつか・ここ＞や＜いま・そこ＞にある別の秩序を夢見たり，小規模に模倣し実践してみたりする志向であり，1980 年代の彼／彼女らの運動もそれらの側面をもっていた．だが，＜自分ではない誰か＞，つまり別人になってしまうということも，現状打破なくして別の秩序を現出させる方法であり，その意味ではユートピア志向だといえる．ユートピア志向的であるこの世代のハビトゥスとして，絶望移民は説明できた（太田^{注1}
2012）．

　もちろん，冒頭でも述べたとおり，こうした情動がある個人の移民動機のすべ

てを占めているとは限らない．2000 年代に韓国から出た民主化運動世代の移民
のなかにも，魂の逃避やユートピア志向のハビトゥスとあまり関係ない人だって
いたことや，筆者の調査対象者たちの移民行為が政治経済的な動機とまったく無
関係だったとは考えられないことも事実である．ただ，移民動機における情動の
重要性と，マスメディアや社会が語る政治経済的な移民動機の寓話性は，絶望移
民が筆者に与えてくれた教訓だった．

2　政治経済の問題としてのヘル・チョーセン

ヘル・チョーセン

　他方，情動による移民と関連し，現在の韓国社会で話題となっているのは，「ヘ
ル・チョーセン」ということばである．このことばは，2010 年代中葉にインター
ネット上で拡散し，韓国の若者の流行語となった．地獄（hell）のように生きづ
らく，かつまだ朝鮮王朝のころと大差がないほど旧態依然だという批判を込め，
韓国の若者は韓国とその社会をこう呼ぶ．とくに 2015 年 9 月に SNS などで爆発
的に広まり，なかでもツイッターによる拡散効果が圧倒的だった（韓国放送公社
2015）．この現象が新聞やテレビといったマスメディアでも紹介されたことで，
ヘル・チョーセンは世代の壁を越えて韓国で知られるところとなった．[注2]

　韓国の若者が自国や自社会を地獄のようで旧態依然だと考えるのは，いった
い何故か．第一の理由は，その高い若年失業率にあるという．2000 年代の構造
調整を経て，韓国における若年失業率はおおむね悪化の一途をたどり，2015 年 3
月には 15 ～ 29 歳の完全失業率が過去 15 年間で最悪の 10.7％を記録した．さら
に 2016 年 3 月の同数値は，史上最悪の 12.5％に及んでいる．なお，完全失業率
の計算過程では，たとえ 1 時間のアルバイトであれ，労働した者がすべて就業者
とみなされる．このため，実際に求職状態にある者の比率は，完全失業率よりさ
らに高いこととなる．また，韓国全体の完全失業者のうち若年層が占める割合が
非常に高いことも問題視されている．現に，2016 年 3 月の国内全体の完全失業
率は 4.9％に過ぎない（連合 NEWS 2016）．

　就労機会以外でも，現代韓国には世代間の不平等の問題が随所で沸騰している．
これが第二の理由だ．たとえば，不動産価格の急騰による世代間不平等が挙げら

れる．韓国の首都圏には国の人口の約半数が集中して居住しているが，ソウルのアパート価格は1997年から2005年までのたった8年間で平均90％も上昇した．これにより，およそ民主化運動世代より上の世代に財産を築いた人々が多い反面，それより下の世代は家賃禍に苦むばかりで自分の家を買う展望を立てることすらできない者が目立つようになった．この他にも，定年後の年金の格差や，非正規労働の拡大による就労形態の格差など，現代韓国の世代間不平等は，例を挙げはじめればきりがない．

　では，職と財がある程度あれば，韓国は地獄でないのか．そうともいえない．主たる仕事だけで週60時間以上の労働をしている労働者の割合は，韓国で22.6％である．この数値は，OECD加盟国のなかで，トルコの23.3％とともに，3位以下を圧倒している（OECD 2015）．しかも，韓国の職場の慣習として，上司や年長者に先んじて帰宅しづらいことや，多くの職場で週に何度も残業後の会食や酒宴が半強制的に行われていることも，若者層の反感を呼んでいる．職場の付き合いも仕事の一環だと考えるのならば，韓国に住む人々の労働時間は，若者層にとって地獄に例えるべきものであり，労働時間あたりの給与は，驚くほど目減りして感じられよう．

脱チョーセン

　そんなヘル・チョーセンを脱出するという意味で，「脱（ヘル・）チョーセン」ということばも広まっている．

　若者層が日常の鬱憤をつづる人気のBBS（電子掲示板）ウェブサイト「ヘル・チョーセン」（hellkorea.com）には6つの掲示板があるが，そのうち1つが「脱チョーセン掲示板」である．そこでは，各国への脱出ノウハウ，韓国を脱出したい人々の相談，脱出体験者の手記など，脱チョーセンに関する記事が上がってくる．この掲示板は2015年6月14日の「ヘル・チョーセンいつ滅びる？」という記事から始まり，2年弱で1000件近い記事が寄せられている．それぞれの記事に返信や反応の文章が寄せられているので，それらを含めると何千件あるかわからないほどの記事数だ（2017年5月30日最終閲覧）．

　脱チョーセンは，仮想空間上の夢に止まらない．韓国社会への不満から韓国を去る人々は，実際に増えているというのである．とくに目立つのが，現在20代

後半から 30 代の人々，つまり民主化運動世代よりも下の世代で，高学歴者や専門職である．そのなかの，韓国での生活に不安を募らせる人々が，幸福指数が高く貧富格差が低い国を選んで，目立って移民しているという．実際にデンマークでは，2011 年から 2013 年のあいだに，在外コリアンの数が 293 人から 538 人へと，83.6％も増えた．同じ 2 年間に韓国人永住権者は，オランダで 614 人から 853 人と 38.9％も増加し，ノルウェーでも 144 人から 182 人に 26.4％も増えた（한겨레（ハンギョレ）2014）．こうした国では現地で語学学校や大学院に通いつつ就職や永住の機会を探る韓国人も急増しており，予備群の数が上記の数の何倍にもなるといわれる．しかも，同様の現象は周辺諸国でもみられる．

　アムステルダムの郊外に住んでオランダ語を学ぶ 1989 年生まれの韓国人女性ジーナ（仮名）も，脱チョーセンを実践中だ．彼女は，韓国の大学を卒業後，親元で暮らしながら非正規のグラフィックデザイナーとして 3 年間ソウルで働いた．だが，2015 年 2 月で退職し，自分の貯金に，見かねた親からもらった少しの資金を足し，同年 7 月にオランダへ来た．語学習得がひと段落ついたら，大学院で IT マネージメントを学んで，欧州のどこかで就職するのだという．ジーナはこうした未来の話をするとき，「〜したい」ではなく，「〜する」という表現を使う．「できるまでやればいいじゃないですか！」と強気だ．「勉強だけ毎日 14 時間していたって，あの地獄で働いているよりはずっと楽（中略）．それに，投資だと思えばいいのです．よりよいペイとよりよい待遇のためのです」（2015 年 11 月）．

　スウェーデンのマルメでデンマーク語を学ぶのは，1983 年生まれの韓国人男性ヨハン（仮名）だ．マルメはそれほど大きな街でないが，橋を渡ればデンマークの首都コペンハーゲンだ．彼は韓国の製造大手で 6 年近く IT 関係の仕事をしていた．韓国の大手企業では，能力に応じて正規社員でも淘汰されることが少なくない．ヨハンの場合，自身は肩たたきにあわなくとも，辞めさせられていく同期たちを見送ってきた．そして，2016 年に一念発起した．「韓国は結婚して家庭をもてる国じゃない」と彼はいい，韓国で有名な「n 放（エンポ）世代」の話をつづけた（2016 年 11 月）．現代韓国の若者は経済難のために恋愛，結婚，出産を放棄せざるをえない世代だという意味で，2010 年代に「三放（サンポ）世代」ということばが広まった．だが，さらに就職，マイホームも放棄せざるをえない

という嘆きから「五放（オッポ）世代」という表現が生まれ，加えて人間関係，夢も放棄せざるをえないではないかという怒りから「七放（チルポ）世代」に変わっていった．現在では「十二放（シビッポ）世代」までの表現がよくみられる．

欧州諸国はもとより，以前から在外コリアンが多い米国，カナダ，豪州は，いわずもがなの脱チョーセン先だ．留学して就労ビザの取得を目指す者はもちろん，親戚や知人を頼って最初から就労ビザや永住権を得る者も少なくない．

ただ，英語がある程度話せるジーナも，流暢なヨハンも，これらの英語圏の国々を脱チョーセン先に選ばなかった．ジーナは，大学生のころにバックパッカーをして回るうち，英語圏の国のコリアンは飽和状態だと感じ，脱チョーセンを心に誓ったあとも，これらの国々は「自分のマーケットになりえない」と思ったという．「それに，知れば知るほど，こっち（ベネルクスや北欧）の高福祉社会は魅力的」だそうだ（2016年11月）．ヨハンの場合には，母の従姉妹がシカゴに住んでおり，大学時代にそこに居候して英語の語学研修を受けたことがあった．大学の卒業要件であるTOEICの点数を稼ぐための留学だったが，後の修士課程進学や就職もその点数がなければ不可能だったそうだ．その際にヨハンは，アジア系男性が米国社会でどれほど冷遇されているかを知った．彼は温和な顔つきを一変させて，「女に人気がないとか，そういう話じゃないです．（中略）あの国に移民したら，また別の格差のせいで，努力が報われないことになるでしょう？」と，シカゴで溜まった鬱憤をぶちまけた（2017年3月）．

3　気持ち悪さと区別の美学

ただ，読者は釈然としない部分もあるだろう．たとえば，OECD加盟国の若年失業率はおしなべて低い水準で，韓国だけが特別とまではいえない．なぜ韓国の若者はここまで怒りをあらわにするのか．また，他国で働いたり，永住権を取ったりするのは，そう容易いことでないのに，なぜ韓国の若者は困難に立ち向かうのか．そして，ベネルクス，北欧，北米，豪州のように政治的に安定し，経済的にも恵まれた国々に行くのなら，韓国の若者の移民動機も，結局のところ政治経済的に合理的じゃないか．

これらの疑問を解くにあたり，第一に加味すべきは，韓国の若者たちが選ぶ脱

チョーセン先が，実はこうした国に限られないということだ．たとえば，筆者が取材に協力した日本のある月刊誌の特集「韓国のあした」には，北欧の韓国人の取材記事とともに，フィリピンに脱チョーセンした若い韓国人の記事もある（朝日新聞グローブ 2017）．筆者が直接知る限りでも，グアテマラ，モルディヴ，モンゴルといった国々に新天地を求めた韓国人の若者がいる．

　そして第二に，本章で本文に先立って記したジーナの語りが，読者の多くの疑問に答えてくれると筆者は信じる．

速度違反の文化変容

　最初ジーナは政治経済的な移民動機を筆者に話していた．初めて会った非韓国人の筆者に，彼女は自分の心のうちを明かすことができなかったのだ．外国人に自国のことを話す場面で，いきなり私見や私情を吐露する人は少ない．できるだけ通説どおりの説明をする人が多いものだ．しかも，筆者はジーナよりもかなり年上で，父親の知人だからという縁で会うことになった中年男性だ．「おじさん」は気持ち悪いという話などできたわけがない．

　ヨハンの場合も大差がなかった．「最初は兄さん（筆者）のことを，韓国の文化が好きすぎて韓国研究者になったんだと思っていた」といい，「兄さんが生きてきた人生を否定したくなかった」と，自分が語った移民動機の話の行間を埋めるメールを後日に送ってくれた．そこで彼は，自身の他の重要な移民動機を，韓国社会が「速度違反の文化変容」を起こしているからだと表現した（2017 年 4 月）．

　彼／彼女らでなくとも，韓国社会は変化が速いという人々は多い．ヨハンにとっては，ジーナが嫌うような「おじさん」たちも，その速度についていくのができない社会の被害者なのだそうだ．ジーナがマナーの話をしたので，マナーの変化に関する話で一例を示そう．韓国ではエスカレーターの乗り方にマナーらしきものがあまり存在しなかった．だが，2002 年の日韓ワールドカップをひかえて 1996 年に政府がキャンペーンを開始し，90 年代末にはほとんどのエスカレーター周辺にマナー解説が張り出された．これは立ち止まる利用者は右側に立ち，歩きたい利用者のために左側を空けておこうと呼びかけるもので，2000 年ごろには高校生ボランティアがキャンペーンのため駅で声を張り上げたりもしていた．だが，エスカレーター上を急いで通行する者が周囲にぶつかり，将棋倒しになるな

どの事故が発生したため，2015 年に政府はキャンペーンを撤回．今度は歩いたりせず，左右両側に立てということになった．問題は，こうしたマナーの変化が瞬時に行き渡る年齢層がいる反面，取り残される年齢層もいることだ．こうして，エスカレーターの利用マナーに世代ギャップが生じた．同種のマナーの世代ギャップは，韓国の日常のあらゆる場面にくすぶっている．他方，マナーが守るべきものだとするのなら，韓国語でセンスといえば，よかれと思われる気遣いや洒落た言動のことである．どんな言動にセンスを感じ，どれほど大切だとみなすかは，世代間でさらに異なる場合もある．これがヨハンの「速度違反の文化変容」論の背景なのだが，彼の語りには異色な一言も含まれていた．「あの国にいると，すぐに僕も若者が嫌う大人になってしまう」．

　ジーナは，上の世代のマナーとセンスに，同じ空間にいるのが耐えられないほどの嫌悪感を抱き，自分がその嫌悪対象に囲まれていると気づいたことで，脱チョーセンを決意したという（2017 年 3 月）．ソウルのカフェでのほぼ同じ体験は，1986 年生まれの韓国人女性ユニ（仮名）も口にする．彼女は同い年の韓国人男性ユージーン（仮名）と結婚するにあたり，ふたりでニューヨークに来て，語学研修を受けながら新婚生活をはじめた．彼女の場合には，韓国の「おばさん」も嫌悪の対象だという．「韓国のおじさんやおばさんたちがスターバックスで横に座ったら，（中略）（ことば遣いも所作行動も）汚いから，横にいたくもない」と，ジーナとほぼ同じ話をする．それを聞いて話しはじめたのが夫のユージーンだ．彼の場合，ソウルでの平日は「午後 6 時以降，息もできないほど」嫌で仕方なかったという．半強制的な残業と会食と酒宴の話である．「韓国はもうそんな国じゃないのに，うちの職場は 50 代の人たち中心で回っていて（中略）．その人たちは，僕たちを苦しめようとしているんじゃなくて，楽しませようとしてそうしていました．（中略）それがわかって，さらに（韓国で生きていくのは）こりゃ無理だと……」，ユージーンは話し出したら止まらない様子で，センスの世代ギャップを語り続けた（2015 年 8 月）．

ディスタンクシオン

　しかし，マナーやセンスのギャップは，世代間だけに存在するのではない．
　両家の結婚の話がまとまり，ソウルでアパートを探しはじめたとき，ユニとユー

ジーンは愕然とした．少し郊外にある小さな 1DK 程度ならば，自分たちでも住めると思っていたのに，それすら予算に合わなかった．しかも，両家の親がともにまとまった金額の援助を拒んだ．「うちの両親は，古い半地下の新婚チブを勧めたんですよ」と，ユニは「驚きでしょう？」といわんばかりだった．彼／彼女らよりも上の世代だと，若い新婚夫婦はしばらく我慢しながら低価格の物件に住み，資金が貯まって子どもが大きくなってきた頃に引っ越すという人が多かった．そういう物件を「新婚チブ」（「チブ」は「イエ」の意味）という．だが，それはふたりにとって世間体として耐えられない屈辱だった．

　「○○（下見に行った郊外の街）も，住みたいなんて思えなかったよね」と，ユージーンはいう．「住んでいる人たちに生き生きした感じがなかったんです」とはじまったユージーンの○○市民批判は，「交わりたくなかった」で終わった（2015 年 9 月）．聞く限り，やはりマナーやセンスの話なのだが，彼が強調したのは，彼／彼女らが見た住民たちが自分たちと同じ世代だったということだった．

　そんな彼／彼女らがどうして物価の高いニューヨークへ来られたのだろうか．「（新居に金を出してくれなかった）うちの父も，ニューヨークへ留学するといったら，お金をくれました」というユージーンに，ユニも「そうなんです．うちの親も，「うわー，うちの娘がニューヨーカー！」ですって．（中略）弟のために隠していたお金があったみたいで」と笑った．彼／彼女らによれば，行き先が他の街，とくにロサンゼルスだったならば，親からの援助は受けられなかったという．「LA に住んでいる韓国人はすっごく多いから」だそうで，それでは親たちに旨味がなかったのだそうだ．また，彼／彼女らは学生時代に一緒に旅行したヨーロッパ，なかでもブダペストにたいそう憧れていたが，ブダペストへ行くといったら，親の援助は期待できなかっただろうとも述べた（2015 年 9 月）．彼／彼女らも，両家の人々も，ニューヨークという街がもつブランドに魅了され，それならばと動いたのである^{注3）}

　ヨハンもうらやましがられながら韓国を旅立った．デンマークに行くと言い出したとき，韓国ではデンマーク・ブームが起きていた．彼の周囲はデンマークを，「幸福指数が（OECD 加盟国のなかで）最も高い国」とか，「ヒュッゲ（hygge；デンマーク語で「心地いい時間や空間」を表すことば）の国」として認識している．彼の SNS は，韓国の友人たちからの「うらやましい！」という反応であふ

れている．「とにかく脱チョーセンさえできればいいという人も多いけど，僕はデンマークに来たわけで」と，彼もまんざらでない（2017 年 3 月）．

　ジーナの場合には，むしろオランダでの苦労話を，ブログや SNS で頻繁に発信してきた．オランダ語や，彼女が合格せねばならない試験の難解さ，切り詰めた生活ぶり，移民の立場が悪化してゆくヨーロッパ情勢などである．そんな彼女の発信内容を変えたのは，オランダ人の恋人ができたことだった．そこでジーナは自分自身を振り返ることになったという．「不満ばかりいって，自分がどれほど幸せなのかを考えたことがなかった．楽しいことを楽しいと思ってもいなかった」と．そして，「ただ韓国から逃れられただけでも幸せなのに，（中略）素晴らしい（中略）国に暮らすことになった自分を，心から誇りに思う」と（2017 年 4 月，ブログ記事）．

　以上の内容をみると，この 4 人をはじめ，特定の地域に脱チョーセン先をえた人々が，他の地域に行った人々を馬鹿にしているように見えるかもしれない．ところが，前述のグアテマラやモンゴルへ移民した韓国人を含め，多くの脱チョーセン逃避行者たちの語りにしきりに見え隠れするのが，脱チョーセンしない韓国の若者や，そもそもヘル・チョーセンという認識を共有しない韓国の人々との違いに関する自意識である．それは，ときにマナーやセンスとして，都市のブランドとして，あるいは国家の幸福度として表現されるかもしれない．だが，たとえばグアテマラに行った韓国人も，韓国社会の生きづらさと韓国の人々のいやらしさを語ることで，自分をそれらから区別する．かつ，移民前に「僕はワイルドでいたい」と，韓国人が何かと意識する OECD 加盟国や，そうした脱チョーセン先を選ぶ人々からも自分を区別し，そんな自分のセンスをアピールしていた．本章の草稿を韓国語に訳して渡したところ，それに目を通してくれたユージーンがいった，「みんな，自分だけは違う，覚醒していると主張したいんですね」と（2017 年 5 月）．

　脱チョーセンには賛成しかねるという人も，韓国社会には少なくない．彼／彼女らより上の世代は，若者層の政治経済的窮状に同情しつつも，ヘル・チョーセンや脱チョーセンという発想には賛成しかねるという人が多い．なかには，「そんなこと言う若造は，北朝鮮の収容所に送り込め」と，声を荒げる 60 代すらいる．また，若者層だろうと批判的な人もいる．ウェブサイト「ヘル・チョーセン」に

もそういう記事はしばしば上るし，インターネット・インタビュー番組「ASIAN BOSS」でも，「ここで満足できない人は，そこでも満足できないのは明らか（中略）．国家が悪いんだから，韓国人は当然こんなふうにしか生きられないじゃないかというのは，私は違うと思う」とか，「経済的にはどこも等しく悪い（中略）．そういう事態をよく知らないんでしょう」と語る韓国の若者たちが確認できる（ASIAN BOSS　2017）．

　ただ，そうした物言いにも，また別の，ないし層が 1 つ増えたディスタンクシオンが見受けられる．そして，これらの反対意見のほとんどは，やはり政治経済的な事象を挙げて脱チョーセンに物申しているのである．

蘇る QOL 移民

　ニューヨークにも「生き生きした感じがしない」人たちは多いのではないかという筆者の問いに，ユニは「なぜか，もうそんなことは気になりません」と答え，ユージーンは「僕たちは変わった」といった（2016 年 8 月）．絶望移民と同じく，彼／彼女らも＜自分ではない誰か＞になることによって，自分をとりまく秩序を一変させることに成功したかのように見えることもあった．オランダ人の恋人ができた後のジーナも，＜自分ではない誰か＞になれたというアピールを，意識的にでもしているかのようだ．

　しかしながら，脱チョーセンのユートピア性には，強い異議を唱える人々がいる．絶望移民たちである．

　筆者にユニとユージーンの新婚夫婦を紹介してくれたのは，彼／彼女らと同じ建物に住む 1968 年生まれの韓国人女性アンナ（仮名）だった．筆者とは，彼女がまだ釜山に住んでいた 1998 年から，ソウルにいたころを経て，ニューヨークに移民した現在までの付き合いである．移民後の彼女のモットーは「他人のことを悪くいわない」であり，それは「2 人集まれば人の悪口ばかり際限なく話す典型的な韓国の女性像に嫌気がさしたから」と話していた．だが，このときばかりは耐えかねたから自分の苛立ちを聞いてほしいと，筆者に連絡してきた．その日の彼女は, 感情が高ぶると出る強い釜山弁だった.「ヘル・チョーセン，ヘル・チョーセン言う子らが，うちのアパートにも引っ越して来てん．（共用の）洗濯室でよく鉢合わせすんねんけど，（中略；ユニが韓国の人と社会に対する悪口を，初対

面から今に至るまで，しきりにするという話）．あたしに「姉さんもそう思うでしょう？」やて．誰が姉さんやねん．韓国人をつかまえて，やたら親しげにすんなって．韓国嫌いなんやろって」．彼女はその後も，自分は韓国と縁を切りたいと思って米国へ来たから，韓国人とはできる限り会わないようにしていると，ユニとの違いを強調した．またある日には，通りを歩くふたりを窓越しに見下ろしながら，「ほら，学生の身分でヨーロッパ行って遊びまくっといて，そんなんさせてくれる韓国が嫌やていう子らや」と，皮肉たっぷりに不貞腐れていた（2015 年 8 月）．世代間不平等は，むしろそんな自由と財力を謳歌できる現在の若者世代と，若い頃には民主化闘争しかなかった自分たちの世代のあいだにこそ存在すると，憤慨することもあった（2015 年 9 月）．

　話を聞きつけたアンナの夫アーロン（仮名，1967 年生まれの韓国人男性）は，アンナをなだめながらも，自分たちと彼／彼女らとの違いを語りだした．自分たちの世代は，学生時代に海外旅行なんて考えられなかったのに，彼／彼女らの世代は，まるで大学の必須科目であるかのように海外旅行するという違い．それゆえ外国のこともよく知っていて関心も高いという点．かつて韓国で外国といえば米国のことを指すかのようでもあったという話．どっちみち自分たちには親族が招請してくれた米国しか移民先の選択肢もなかったという話．しかし，そうした違いは誰のせいでもないと，彼は締めくくった（2015 年 9 月）．

　別のときにアーロンは，彼を追うように米国東海岸へ三々五々移民してきた同世代の元同志たちと久しぶりに集まった席で，脱チョーセンの若者と自分たちの違いを述べることもあった．最初のうち彼は，若いころの自分たちは，どれほど反政府闘争をしていても，（他の韓国人と同じく）祖国と民族を愛して止まなかったという思い出を語っていた[注4]．そう話すうち，そんな自分たちの若いころの方が，今の若者たちより，ずっと異常だったと言い出した．そして，自分たちの移民はそんな最愛の祖国と民族に裏切られたという絶望からの行為だったのであり，今の若者の脱チョーセンとはまったく別物だと，昔馴染みたちも頷いた（2016 年 9 月）．

　アンナとアーロンの夫婦が語った自己認識と，脱チョーセンの若者たちとの差は，言い方に難こそあれ，すべて一理ある．その前提に立つとき，ともすれば脱チョーセンの若者たちは，移民する前からすでに「（従来の）韓国人ではない何

者か」だったのかもしれないと思わされる．そして，すでに OECD 加盟国となった韓国で，IMF 経済危機の記憶すらほぼもたずに育った 1980 年代後半以降の韓国人がディスタンクシオンにもとづいて行う移民行為は，むしろ 1980 年代の韓国に突如のごとく出現した上流階層にみられた QOL 移民に近いのではないかという考えに行き着く．

4　移民を観る目……をうかがう目

　在外コリアン研究に対する批判としてしばしば指摘されてきたことでありながら，現在でも頻繁にこの分野でみられることがある．それは，研究者を含む韓国社会側の人間が在外コリアンに対し，特定の感情を潜在させ，かつそのことに注意しないまま在外コリアンを語るということである．その感情とは，本国という文化的中心から離れた僻地に住む弱者として，在外コリアンを憐れむ感情である（鄭（チョン）1996，오타（オータ）2012）．脱チョーセンの若者たちに対しても，韓国社会やその他の人々は，ヘル・チョーセンの経済的な被害者というコーティングをする．だが，実はこれまで経済的に得してきた世代でもあることや，その移民動機に QOL 移民との類似もみられるということは語られない．それを語るならば，既存の政治経済的な語りは崩れてしまう．ともすれば韓国社会は，若者層が従来どおりの感情を国家と民族に寄せられない理由探しに苦悩した挙句，当然のごとく国家と民族を愛してきた自分たちは何者だったのかという，もっと根源的で自己破壊的な問いへと旅立たねばならないかもしれない．つまり，脱チョーセンの動機のコーティングの場合も，IMF の例と同じく，政治経済は物事を説明してくれるよい道具であり，かつ詳しく吟味しない方が何かと便利な装置なのだ．

　また，在外コリアンの側にも，そのコーティングの利用や遠慮や逃げ隠れといった反作用がある．憎まれるより憐れまれた方が，気持ちが乱れないはずである．それもずる賢い戦略だとは限らない．たとえば最初ジーナが本心を語らなかったように，あるいはヨハンが通説どおりの説明で自己を語ろうとしたように，面倒だったり危険だったりする話を避けてのことも多い．さらには，アンナについても言及したい．彼女が移民後に韓国人を避けているのは，実は韓国人に移民動機を質問されるのが嫌だからでもある．筆者はある韓国人研究者に頼まれてアンナ

を紹介しようとしたことがあったのだが，そのときにも彼女は決して口を開こうとしなかった．似たことは他の絶望移民にもよくある（오타（オータ）2012）．

　つまり，在外コリアンを生み出す情動や，在外コリアンがもつ感情は，当事者の側によっても隠蔽されやすい．こうして移民の情動的動機は政治経済的動機でコーティングされるのである．

注
1) 米国やスペインに移民しようとするキューバ人の場合にも，同様の情動が関与しているとされる（田沼 2008, 2014）．
2) 日本でもこのことばを知る人が増えつつある．日本語の場合，韓国の大手全国紙の日本語版ウェブサイトを発端に「ヘル朝鮮」と表記する例が一般的になっており，本章も表題ではこの表記に従った．だが，とても強い侮蔑意識が込められた若者ことばである以上，「チョーセン」と日本語表記した方が，近いニュアンスを示せるだろう．この理由から，本文ではあえて「ヘル・チョーセン」と表記したい．
3) ユニもユージーンも，両家のこの決定の背景には，家族や親族の子どもを，夏休みや冬休みの英語研修に送る目論見があるという．その際には現地での保護者が必要となるわけだが，この若夫婦がその候補に加わることとなるため，両家ともメリットはあるのだそうだ（2017年 8 月）．
4) この考えは，有名な学生運動家から研究者に転じた同世代の人物の著書（權（クォン）2005）にもみられる．

文献一覧
韓国放送公社（Hanguk Bangsong Gongsa; KBS）
　　2015 "청년의　상실감이 만들어낸 온라인 유행어 '헬조선갆'"，韓国放送公社ウェブサイト（http://news.kbs.co.kr/news/view.do?ncd=3149999&dable=10.1.1）.（2017 年 5 月 30 日最終閲覧）
한겨레（Hangyŏre）
　　2014 "굿바이! 불안한 한국: 북유럽행 이민 뜬다"，ハンギョレ新聞ウェブサイト（http://www.hani.co.kr/arti/society/society_general/652699.　html）.（2017 年 5 月 30 日最終閲覧）
鄭炳浩（Jŏng, Byŏngho）
　　1996 "재일 한인사회"『민족과 문화』4: 106-151 頁．
權仁淑（Kwŏn, Insuk）
　　2005『대한민국은 군대다 : 여성학적 시각에서 본 평화 , 군사주의 , 남성성』，Seoul: 청년사 .（『韓国の軍事文化とジェンダー』（山下英愛訳），東京：御茶ノ水書房，2006 年.）
太田心平
　　2003「政治と発話──現代韓国の政治文化を構築する「誤解」」，『民族學研究』68（1）：44-64 頁．
　　2012「国家と民族に背いて──アイデンティティの生き苦しさ，韓国を去りゆく人々」，太田好信編『政治的アイデンティティの人類学──21 世紀の権力変容と民主化にむけて』，昭和堂：304-336 頁．
오타 심페이（OTA, Shimpei）
　　2012 "조사자가 찾아왔다 : 시점의 전환과 지식의 재귀성에 관한 메모" In 아사쿠라 도시

　　오 & 오타 심페이 (eds.)『한민족 해외동포의 현주소 : 당사자와 일본 연구자의 목소리 』
　　　pp.315-339, Seoul: 학연문화사 .
田沼幸子
　　2008 「YUMA-CUBA──ここではないどこか，私ではない誰か」，石塚道子・田沼幸子・冨山
　　　一郎編『ポスト・ユートピアの人類学』，人文書院：241-263 頁.
　　2014『革命キューバの民族誌：非常な日常を生きる人々』，京都：人文書院.
統計庁（T'onggyech'ŏng）
　　2016 「在外同胞現況」(http://www.index.go. kr/potal/main/EachDtlPageDetail.do? idx_cd=1684).
　　　（2017 年 5 月 30 日最終閲覧）
連合 NEWS（Yŏnhap News）
　　2016 "청년실업률 12.5% '역대 최고'──전체 실업률도 4.9% 로 치솟아" (http://www.
　　　yonhapnews.co.kr/bulletin/2016/03/16/0200000000AKR20160316028751002.HTML).（2017 年 5
　　　月 30 日最終閲覧）
ASIAN BOSS
　　2017 "Do Koreans Enjoy Living in Korea?", Facebook サイト (https://www. Facebook.com/asianboss/
　　　videos/1320840841285063/).（2017 年 7 月 5 日最終閲覧）
OECD
　　2015 "Very long working hours," OECD 公式フェイスブック (https://www. Facebook.com/
　　　theOECD/photos/a.10150177273897461.304209.73290362460/10154363143437461/?type=3&the
　　　ater).（2017 年 5 月 30 日最終閲覧）
Winchie, D. B. & Carment, D. W.
　　1989 "Migration and Motivation: the Migrant's Perspective," *The International Migration Review* 23
　　　(1): 96-104.

第6章　珠江デルタにおける人の移動の変遷

ある家族の三世代に着目して

川口 幸大

Kawaguchi, Yukihiro

1　人が動くということ／動かないということ

　人が活発に移動しているといわれる．だが，いうまでもなく，人の移動は今に始まったことではない．また，フレーズとしての喧伝ぶりに近頃では食傷感を免れないグローバリゼーションやトランスナショナルにしても，国境が定められる以前から，あるいはそれ以後も，「越境」を日常とする人々のいとなみに目を向けるとき（床呂 1999），そうした分析概念!? によって切り捨てられるもの多さを思わずにはおれない．繰り返すようだが，多くの人々は過去からも，そして現在も移動している．我々人類学がなすべきは，その質と量，それに向かう先についての（あるとすれば）変化と現状を明らかにして，理想的にはその背景と要因の考察にまで至ることである．

　ところでその際に，上述のごとくグローバリゼーションやトランスナショナルといったフレーズが人口に膾炙していることからもわかる通り，国境を越える移動は確かに目につきやすい．しかし，国内の人の動きもまた看過すべきではないだろう．たとえばそれは，中国に関していうならば，人々の海外への移動は国内の移動との連続性の上に捉えるべきだとの指摘が再三にわたってなされてきたからでもあるし（西澤 1996，瀬川 1996），さらに日本で暮らす我々には想像がつきにくいが，ボーダーは国と国との間にのみではなく，国内にも存在するからである．すなわち，1950 年代からの中国には都市と農村の間に，さらに今日においても特別行政区である香港とマカオ，あるいは深圳や珠海といった経済特区との

間には，その堅牢さはまちまちであれ，やはりボーダーが存在する．境を越える／越えないという選択とその遂行が必ずしもネイションの枠組みのみに規定されるわけではないという視点は，中国の人々の移動についてより実態に即した理解を促しうるだろう．

　さらに，コーエンとシルケシが言うように，「世界中の何十億もの人々が動いていないということを覚えておく必要がある」（Cohen and Sirkeci 2011: 87 頁）．つまり，移動する人々に着目するにあたっては，同時にまた，動かない，あるいは動けない人々をも射程に入れるべきである．なぜならば，いつ，どこに移動するかという選択が政治経済的な，あるいは環境的な要因と個人の意思との関数であるとするなら，動かない／動けないという様態もまた同様にそうであるからだ．本章で取り上げる珠江デルタの例でいうと，1949 年の建国後しばらくして国境が閉じられたために，それまでは活発であった香港と本土間の人の流れは，公的には遮断された．さらに戸籍制度の導入によって，村から都市部への移動も大きく制限された．一方で，そうして動けない状況に置かれたなかにあっても，たとえば密航という手段によって動こうとする人も少なからずいた．さらに，ここ数年では，制度や条件の上では動けるが，動かない／動きたくない，あるいは子の教育などのために最低限動くといった選択をする人が増えている．トートロジーのようだが，動いた人だけに着目していては，動いた人のことしかわからない．移動という現象のより実態的な理解に迫るためには，そうした選択に至らなかった／至れなかった人々の背景にも思いをめぐらせる必要があるだろう．

　本章は以上の問題意識をもってなされるケーススタディである．具体的には，広東省珠江デルタの村落において，人々の移動のベクトルがおよそ過去 1 世紀の間にどのように変化してきたのかということを，その背景とともに検討する．事例としては，村に暮らす人々のライフヒストリーを取り上げるが，それを国家と地域の社会状況，および人々が属する家族のファミリーヒストリーに位置づけつつ記述を進める．

　以下に，まずフィールドの状況を，人の流れを追うに当たって関係の深い三つの地点，すなわち広州，香港，番禺市橋の概要とともにみてゆこう．

2　フィールドについて

　本章のフィールドとするのは，筆者が約15年間フィールドワークを行ってき
た広州市番禺区のとある村である．そして，この村の人々の主な移動先が，広州，
香港，番禺市橋の三地点である（図1）．

　まずこの村の概要を述べよう．村は1949年以前からマーケットタウンとして
周辺村落の経済的かつ文化的な中心地であり，1949年以降は人民公社の，1980
年代からは鎮政府の所在地となってきた．村の人口は約6,000人で，その他に内
陸部から出稼ぎにやってきた人々が2,000人ほど暮らしている．生業についてい
えば，1980年代以前は稲作を中心とした農業をしている人が多かったが，「改革
開放」以降は村の内外に数多く建てられた工場で働いたり，大小さまざまな規模
の商売を行ったり，銀行等のオフィスでの職に就く人が大半で，現在では村に農
地はほぼ存在しない．平均的な収入はひと月あたり2,000元程度である．経済改
革の影響と恩恵をいち早く受けた珠江デルタ地域の例に違わず，この村の人々の
生活水準も全国の農村部と比べた場合，著しく高い．

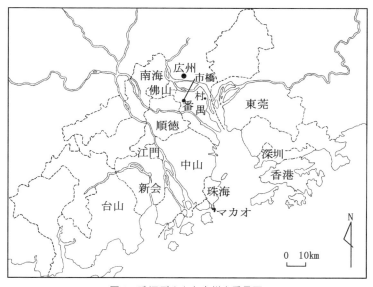

図1　珠江デルタと広州市番禺区

　次に広州についてである．広州は広東省の省都で，珠江デルタのほぼ中央に
位置しており，いわゆる中心部 6 区の定住人口は 440 万人を数える大都市であ
る[注2]．魏晋南北朝（184 〜 589 年）より手工業が発展しはじめ（陳 1997：341 頁），
とりわけ海禁政策をとった清朝が 1757 年に広州を唯一の貿易港とすると，絹，
茶葉，磁器，薬材，布などの輸出によって大きな収入がもたらされた（蒋・方
1993：370-385 頁）．1970 年代後半からは中央が進めた経済改革のいわば〝実験
場〟（ヴォーゲル 1991）とされたことで著しい経済発展を遂げ，今日までに北京
や上海と並ぶ沿岸部の主要都市となっている．なお，広州市の中心部からみると
フィールドの村は直線距離で約 25km 東南に位置し，現在は地下鉄でおよそ 45 分，
それ以前はバスを乗り継いで 1 時間半を要した．

　市橋は番禺区政府のオフィスが置かれた，区の中心地である．外来人口を含め
た人口は約 26 万人．街区には欧米系のファーストフード店や日本料理店をはじ
め，さまざまな店舗が軒を連ねて賑わいをみせる．また経済面だけでなく，教育
や医療の面でも番禺区において最高水準の施設が集中しており，後述するように
それが近年，周辺村落の人々を引きつける要因となっている．なお，市橋からみ
るとフィールドの村は東南に約 15km，バスで約 30 分の距離にある．

　香港については，国際的な金融と貿易に果たすその重要性をあえて指摘する必
要はないだろうが，本章において決定的な意味をもつのは，中国本土，とりわけ
広東省との関係である．イギリスによって占領された 1841 年公表の数字によれ
ば，香港の人口は当時わずか 7,450 人であったが，その後は中国大陸からの移住
者が増加し，内戦後の 1950 年には 236 万人，それから約 10 年後の 1961 年には
300 万人を超えるまでになっている（元 1988：10-11 頁）．なかでも本章で言及す
る広東省の珠江流域に籍貫（父祖の地）を有する住民が多く，1961 年のセンサ
スにおいてその数は総人口の 67％にのぼっている（吉原 1995：199-200 頁）．す
なわち，現在では 700 万人を超える香港の人口の少なからぬ部分は珠江デルタに
つながる人々であり，フィールドの村もその一角を占めているということになる．
なおこの村から香港へ向かうには，近くの港から高速フェリーに乗れば 2 時間，
バスならば市橋から乗車して合計約 3 時間かかる．

　以下，本章では村と広州，市橋，香港の三地点の移動についての具体的な事例
として，この村に暮らす人々のライフヒストリーを，その家族のファミリーヒス

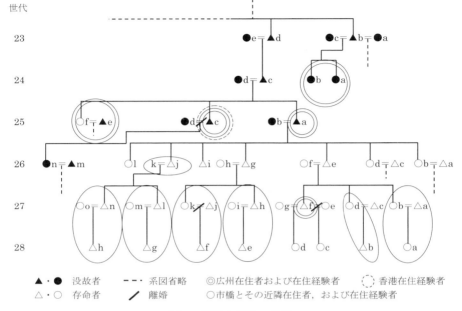

図 2　系図と移動の状況

トリーに位置づけながら記述していく．当該家族のキンシップチャートを記した
ものが図 2 である．以後の記述はこの図 2 を参照しながらお読みいただきたい．

　本論に入る前の予備的な知識として述べておくと，この村の定住人口は 9 割以
上が陳氏の人々，および陳氏の男性に嫁いだ女性から構成されている．陳氏の祖
先は 12 世紀にこの村に定住したとされている．現在，この家族のなかで最も若
い世代は開祖から数えて 28 代目で，最年長者は 25 代目である．本章では中華人
民共和国の建国前後から現在までを時間的な射程とするので，以下には 25 世か
ら 28 世までを対象としたファミリーヒストリーを述べることにする．各世代の
大まかな年齢構成は次の通りである．28 世が幼児から 10 代，27 世が 30 歳から
40 歳代，26 世が 60 歳から 70 歳代，そして 25 世は 1910 年代から 1930 年代の生
まれで，存命の者は一人で 80 歳代である．

　では次節より，この家族の具体的な事例をもとに珠江デルタの村からの人の流
れの移り変わりを追い，その背景を考察することで，近現代中国社会における人

の動きの一端を明らかにしてみたい.

3　25 世たち——20 世紀初頭の生まれ

　まず, 20 世紀初頭に生まれた 25 世たちについて述べよう. 25 世 a・c・f たちの父親, すなわち 24 世 c は村で魚を売る商売をしていた. 彼とその妻の間には 10 人の子がいたが, 幼くして, あるいは若くして亡くなった者が多く, 成人したのはこの 3 人のみであった.

　長男の 25 世 a は 1916 年の生まれである. 村の私塾で 5 年ほど学んだ後, 14 歳で叔母 24 世 a・24 世 b (後述) のつてを頼って広州に出て, はじめ茶館で働いた後, 軍服などを造る工場に勤めた. 誠実な人柄と真面目な働きぶりから経営者に気に入られ, 帳簿管理などを任されるようになった. しかし, 1942 年に父親が亡くなると, 彼は広州から村に戻ってきて, 魚を売る商売を継いだ. 中華人民共和国の建国後は集団体制の単位でも魚を売る仕事をした. 近隣の村出身の妻 25 世 b との間には 4 男 3 女 (後述) をもうけた. 2002 年に 86 歳で亡くなった.

　次男の 25 世 c は 1925 年の生まれである. 彼はその甥たちにいわせると, 「あらゆることをやった人」だったという. 初めは広州でアヒルや豚肉のローストを売る店で働いていたが, 短気な性格から経営者と衝突して店を辞めた. その後は香港に出て, 現地で仕入れた品物を広州に持ち帰って売るという, いわば個人的な密貿易をしていた. そしてしばらくは香港と広州の間を行ったり来たりしていたが, 広州で知り合った妻との間に娘が生まれたこともあり, 土地改革が終了した 1952 年に村に戻って一家で暮らすようになった. その後 1950 年代なかば (大躍進期) には自転車でものを運ぶ仕事, 1960 年代前半 (劉少奇による一時的な自由市場の導入期) には金物店での仕事やライターの修理, 1960 年代なかば過ぎ (文革期) からは集団体制の単位で家禽類のローストを売る仕事, 1970 年代末からは自転車の修理や工場の夜警など, まさにさまざまな職に就いてきた. 妻とは 1950 年代に離婚し, 一人娘の 26 世 n は彼が引き取って育てた. 彼は 1992 年に 66 歳で亡くなった.

　長女の 25 世 f は 1935 年の生まれである. 若くして広州に出て, 未婚で子のいなかった叔母の 24 世 a・24 世 b のもとで暮らした. 叔母たちは若いころにベト

ナムに渡って働いて金を貯めたあと，広州で貸店舗を経営し，2人で暮らしていた．この話をしてくれた26世iと26世lは，彼女たちのことを「いわゆる，自梳女だ」と言った．「自梳女」，すなわち「自ら髪をとく女性」とは，生涯独身を通し，自らで生計を立てて暮らした女性のことを指す．当時は村での生活が楽ではなかったこと，また彼女たちには子がいなかったことから，25世fは村を出て彼女たちとともに暮らしたのだという．その後，25世fは竹製品やネジを造る仕事などをし，広東省江門県出身の船乗りの男性と結婚して2人の息子と1人の娘を産んだ．今も広州で暮らしている．

　1949年以前に生まれた25世たちに共通していえることは，いずれも建国前にはかなり移動性の高い生活を送っていたということである．3人とも広州に出て働いた経験をもつし，25世cは香港にも渡り，広州との間を行き来して生計を立てていた．1949年に中華人民共和国が建国されるまで，より正確にいうとその後しばらくも，大陸と香港の国境は開いており基本的に出入りは自由で，かつ国内の農村部と都市部との移動にも制限はなかった．少なからぬ人々は村と香港，村と広州，あるいはその三地との間を行ったり来たりして生活していたのである．この時代の三地の状況について，彼／彼女らについて多くのことを教えてくれた26世iは次のように述べた（なお，彼は後に自らのライフヒストリーを語ってもらうことになるので，ここからは仮名であるが「カン叔」と記述する）．

　　　当時の香港は特別豊かでもなかったから，広州に行くのとそんなに変わらんかった．広州にええ仕事があったら広州へ，広州で食い詰めたら香港へ，ってな感じやった．(注4)

　村と広州，すなわち国内の農村と都市，それに村あるいは広州と香港という中国本土と香港の間にも事実上のボーダーはなく，少なからぬ人々はその三地の間を往来して生活を送っていたのである．

　しかし，1949年以降にはそれが一変し，広州や香港との流動性は途絶えた．25世aと25世cは村で，25世fは広州で，それぞれ仕事と暮らしを続けることになった．これは香港と大陸との間の国境が閉ざされ，さらに共産党政府によって戸籍（戸口）制度が導入されて農村部から都市部への移動が制限されたためで

ある．戸籍制度は 1958 年に定められたもので，その目的は食糧の確保と都市部への人口流入の制限にあった．注5) 人々は大別して「都市」と「農村」のいずれかの戸籍に編入された．農村戸籍の者は，進学や就職などわずかな場合を除いて，都市での居住および給料や食料の支給が認められなくなり，農村から都市への移動はほとんど不可能になった．注6) とりわけ 25 世 a や 25 世 c のように，いったん村に戻ってしまうと，再び都市や香港へ移ることは難しかった．パリッシュとホワイトが 1970 年代なかばに行ったサンプリング調査においても，若い男性の 90％ は生まれた村に，それもたいていは親と同居か，もしくは親の隣に暮らしていたという（Parish and Whyte 1978：53 頁）．共産党の政策によって，村の人々は，いわば「動けない」状況に置かれてしまったのである．

　このように，国境が閉ざされ，かつ戸籍制度が導入されたことによって，村—広州—香港という三地点の間の流動性は 1949 年から 1970 年代の末まで著しく低下した．代わって村から香港へという一方的な流れが生み出されたのである．それについては以下に言及する．

4　26 世たち——1949 年前後の生まれ

閉じられた国境と戸籍制度の確立

　次に 26 世について述べよう．25 世 a と 25 世 b は 4 男 3 女をもうけた．すなわち，26 世 b・d・e・g・i・j・l である．彼／彼女らの就業期はいずれも共産党による集団体制の編成期前後にあたり，中学校の教師になった 4 男の 26 世 j を除いて，みな人民公社で農業をしたり，公営の工場で働いたりした．長女 26 世 b と次女 26 世 d は結婚して村を出たが，嫁ぎ先はいずれも番禺内の近隣の鎮あるいは村であった．また，教師になった上述の 26 世 j の異動も同県内に限られた．それ以外のキョウダイたちはみな村か，村に近い工場の宿舎で暮らし続けた．公社や工場から短期間で他地域に派遣されることはあっても，省内の近い場所に限られた．共産党の集団体制は「政社合一」，すなわち行政と社会（経済）機能を一体としたシステムであり，さらにこれに戸籍制度が導入されることで，一人一人の住民は強固な統治の体系に組み込まれた．移住は基本的に認められず，広州などの都市部にちょっと出かけて行くのにさえ，自分が属する職場（「単位」）での手

続きが必要だった．多くの者は生まれた村で働き，暮らしを送った．この家族の
26世たちをみる限り，1949年以前の25世たちに顕著だった，広州や香港との流
動性は完全に失われてしまったのである．

香港への密航

　しかし他方で，1950年代から1970年代のこの時期には，村から香港へという
一方向的な人の流れが巻き起こった．国境は閉じられていたから，特別に認めら
れた場合，たとえば香港に暮らす年老いた親の世話をするといった理由で許可さ
れる他には正規のルートはなかった．残された手段は密航，現地の言葉では「偸
渡ドウ」であった．いったい村らかどれくらいの人が香港へ渡ったのか，村の人た
ちも「多すぎてわからない」，「100人は下らないだろう」という．密航であるか
ら，もちろん政府も正式な数を把握していない．一方，香港側からみた場合，流
入人口は，たとえばファンが挙げている1948年から1973年までの数字を合計す
ると66万5,407人となり（Fan 1974:3頁），またシウは1950年代には約40万人，
1960年代には12万人，1970年代には70万人としている（Siu 1999: 202頁）．両
者が挙げる数字には大きな開きがあり，不法移民を含めた移住者数の正確な把握
が困難であることを物語っている．しかしいずれにしても，統計に表れない密航
者も少なからずいただろうから，正規の移住者を差し引いたとしても，その数が
いかに大きなものであったかがわかる．

　村から香港へ渡るには，陸路と水路の二つのルートがあった．この村は珠江の
河口に位置しており，漁業をしている人であれば，自らの船を漕いで国境を越え
た．他の船を乗っ取って行った者たちもいたという．あるいは香港とのボーダー
に近い深圳の漁業者から漁をするために必要な「魚民証ユーマンゼン」を買い，船に乗って漁
をしている風を装いつつ，機をみて香港に上陸するという方法もあった．実際に
この方法での密航を試みた男性の話によると，魚民証は1980年代前半で600香
港ドルしたという．陸路の場合は，国境付近までひたすら歩いた．飴や固めた白
米などを食料として携え，みつからないように，日中は山中などで休んで，夜に
歩いたという．香港に近い東莞まで一週間ほどかかったということである．

　水路にせよ陸路にせよ，香港とのボーダーを越えたら，入管で現地に住む親戚
や知人等に身元引受人になってもらって，正規の手続きを踏めば居住権を得るこ

とができた. そうした知り合いを捜してくれる業者もいたのだという. 当面の住居や仕事の世話もたいていはそれらのつてを頼った. 移住当初は, レストラン等の飲食業のほか, 工場や建築現場などの非熟練業に就いたという人が多い.

　もちろんすべての人が密航に成功したわけではない. 国境付近までは行ったが捕まって, 数日間拘留された後, 村に戻されたという人も数多くいる. 何度か試みたが, 結局成功しなかったという人も少なくない. 密航を取り締まりたい政府は, 一時期, 村の川で水泳をしたり山に登ったりすることさえ禁止したという.

　一方で, 本章で着目している家族のなかで香港に渡った者はおらず, これについても言及しておかなければならない. 当人たちに聞いてみると, 「香港に親戚や親しい人がいなかったからだ」という答えが返ってきた. 先に述べたとおり, 香港に渡ることができても, 身元引受人が必要だったし, 住居や仕事などを世話してくれる身寄りがなければ, とりわけ移住当初は困難がつきまとったということである. 新たに移住した者たちが居を定めたり仕事を探したりするにあたって, 先行の移住者とのつながりは絶対的に重要なのである (Massey 1990). 同じ村の, 同じ陳氏の一員であるといっても, その関係性の濃淡が決定的な意味をもったということだ. その話の流れで, カン叔 (26世 i) と以下のような会話をした.

　　筆者:　(香港が豊か) とはいっても, 香港へ渡った者みながうまくやっていけたわけではないのでしょう?
　　カン叔:　そら確かにうまくいかん者もおったけど, 当時はここにおるよりはずっとよかったんや.
　　筆者:　そのころ, 香港に行くというのはどういう感じだったんですか. 今, 内陸からたくさんの人がこの村にも来ていますが, そういったものだったのでしょうか.
　　カン叔:　うーん, それはちょっと違うやろう. 当時はもう村には帰ってこんやろうというつもりで行ったからな.

　人が故郷を離れて移動するとはいっても, 厳然とした国境があり, そこをイリーガルに越える当時の香港行きと, 今日の国内移動とを同一視はできないということである. 言い方を変えるなら, かつての村の人たちにとって, 密航してまで渡

りたかった香港とは，国境が閉じられていたが故に増幅されたイメージも含めて，強い吸引力をもつ場所だったのである．

　1949 年前後に生まれた 26 世たちの青年期は，そのまま集団体制期，英語圏の研究者による形容では「毛沢東の時代」（Mao's era）にあたる．建国後しばらくして国境は閉じられ，さらに戸籍制度の導入によって都市部への移動も制限された．その後は周知の通り，香港は国際的な海港都市としてめざましい繁栄を遂げるが，一方で中国本土では政治的な混乱や経済的な停滞が続くことになる．この時期に正規のルートでは動けない人々が試みたのが，非正規のルート，すなわち密航による香港への移動であった．香港の側では国境を越えた人を受け入れ，こうした人々が安価で豊富な労働力として香港の成長を支えた．

　1950 年代から 1970 年代にかけては，共産党が確立した集団体制と戸籍制度によって人々の移動は大きく制限され，広州などの都市部や香港との往来という意味での流動性はほぼ失われた．代わって密航というかたちでの香港への人の流れが起こったが，移住に成功した者たちは 1980 年代まで基本的に村へは帰らなかったという点で，その流れは一方向的なものであった．

改革開放とカン叔のライフヒストリー

　その後，1978 年の第 11 期三中全会を契機に，共産党は経済発展を軸とした近代化へと国策を転換して，「改革開放」に舵を切り，人民公社体制も解体した．段階的にではあるが，生産活動は再び人々の手にゆだねられ，移動の自由も認められるようになった．とりわけ本章でフィールドとしている珠江デルタの村では，農地に替えて数多くの工場が建てられるようになり，人々の生活水準は大幅に向上しはじめた．

　このように社会状況が劇的に変化していた1970年代の末から80年代にかけて，26 世たちは年齢としては 30 歳代半ばから 40 歳代を迎えていた．1949 年前後に生まれた彼らは，ちょうど日本でいうところの「団塊の世代」に相当する．ただし，日本の団塊の世代が戦後の高度経済成長の担い手として，あるいは「よき昭和」の主体として，どちらかといえば肯定的に語られるのとは対照的に，中国のこの世代は解放直後の混乱のなかで幼少期を送り，就学期は文革で学校がなく，壮年期には勤め先の民営化でリストラに遭うという，現代中国の負の側面をその

まま背負った人々だといわれることがある．確かに大きな時代の節目を迎えていた 1980 年前後ではあるが，新しい社会状況に身を投じるには 30 代半ばから 40 代という年齢はやや遅きに失した感がある．では彼らは，この時期にどのような選択をし，どんな暮らしをしていたのだろうか．

　以下，カン叔にライフヒストリーをたずねてみよう．彼は筆者がこの村で調査をするようになった 2001 年以来，さまざまことを教えてくれた，いわゆるキーインフォーマントである．筆者が出会ったころは，時計修理の傍ら，風水を看ることもやっていたし，ここ数年では再建中の祠堂の管理人もしている．地域の歴史や文化に造詣が深く，それでいて自己顕示欲や功名心のようなものは一切なく，ときに過剰とも思えるほど歯に衣着せぬ物言いが特徴的な人物である．

　　生まれは 1945 年．解放のとき（1949 年）の様子はあまり覚えてへんな．小学校を出て，農業社（人民公社）に入って農業をやった．メシが出たからな．うちはキョウダイが多いから．農業は大変かって？そら大変やで！

　　1967 年には村近くの製紙工場で働いたことがある．当時は文革で，工場で働いてた都市戸籍の者が「下放」されて，人が足らんようになったからや．そのときには中山県にもちょっと行ったな．

　　1975 年に村の機械工場で木工員が足りんていうから，働くようになった．木工は自分で身につけたよ．（居間の木製の椅子を指して）ほら，これも自分で作ったんや．

　　1982 年からは（個人で）時計の修理を始めた．昔から師夫のやるのを見るのが好きやったんや．そら腕のええ師夫で，どんな時計も直すことができた．あとはまあ，自分で時計を分解したりして覚えた．―彼の時計修理の仕事は，村の大通りの片隅に机一つを出して営業するスタイルである―はじめのころ客はあまり来んかったけど，そのうちだんだんと来るようになった．当時は，みな機械式時計を使ってて，けっこうすぐズレたり，壊れたりするんや．だから時計修理のような商売が成り立ったんやな．今はもうあかんわ．みんな（クォーツ式の）電池の時計を使ってるからな．ほとんどズレへん．せやから，（修理に来るのは）時計のなかに水が入ったとか，電池交換くらいのもんや．

　風水を看るのも自分で本を読んで覚えたんや．何でも自分で？そうやな，昔はみんなそんなもんや．

　（香港には親戚がいなかったから密航しなかったことの他に）どこか別の場所に行こうなんて考えたことはないなあ．そういうのは基盤があってはじめて行くもんやろ．まずある程度の金を作って，それで投資したりとかな．1980 年代は外地からの出稼ぎ労働者もまだそんなにおらんかったし．（増えたのは）改革開放の後しばらく経ってからやろ．

　このようにカン叔は，人民公社で農業をやり，その後も公営の工場で働く機会を幾度か得たが，基本的には地元で暮らし続けてきた．1980 年代からは自ら時計修理を営み始めた．公社が解体され，この地域では移動とビジネスの新たなチャンスに沸き立っていたころだ．その時流のなかで彼も自ら商売を始めたわけだが，移動するという選択の余地はまったくなかったようである．

　彼の他のキョウダイたちも，改革開放を迎えたからといって，誰一人として移動するという選択をした者はいない．前述のように，30 〜 40 代という年齢は新天地で新たな人生のスタートを切るには遅いというのもあったのだろうが，それよりも彼らが暮らす広東の珠江デルタが経済発展の中心地であったという背景の方がむしろ大きく影響しているのだろう．彼らは移動する側ではなくて，むしろ移動してきた者を迎える側だったのである．主として内陸部から，この村の人口をはるかに上まわる数の出稼ぎ労働者たちが大挙して押し寄せてくるのは 1990 年代のことだ．その後 2000 年前後になると，珠江デルタの農村部はどこでもそのような状況を呈するようになっていた．その意味で，村で暮らし続けたカン叔をはじめ 26 世の人々は，嶋が韓国において一定の地域に定着し得た門中組織の人々を表して言ったように，"happy minorities"「幸福な少数者」（嶋 2010: 209 頁）だったといえるのだろう．

5　27 世たち——1980 年代から現在

　次に 1970 年代から 1980 年代生まれの 27 世たちについてみていこう．上述の通り，中国本土と香港との間の国境封鎖，そして共産党による人民公社体制と戸

籍制度の確立によって移動が極端に制限されていた状況は，1970 年代の末から劇的に変化する．改革開放を契機に，生産活動は再び人々の手にゆだねられ，移動の自由も認められるようになったのである．

移動ベクトルの三つの変化

　これによって珠江デルタの村における人々の動きは，以下の三つの点で大きく変化した．

　第一に香港との間の人の流れである．海外からの投資を経済発展の呼び水にしようとする共産党の方針とも相まって，香港に渡った者たちが帰郷し，村のインフラ整備のために寄付をしたり，工場を建てたり，住宅を購入したりするようになった．かつての密航者も含めた香港への移住者たちが村との往来を始めたのである．一方で，香港の側では，あまりにも入境者が増えすぎたために，密航者に居住権を与えていた，いわゆるタッチベース政策を 1980 年に廃止した（愛 2009：71-72 頁）．また，日増しに豊かさを増してゆく珠江デルタの村の人たちにとって，香港はもはや危険を冒してまで密航するほど価値のある場所ではなくなり，今日に至っては週末に観光や買い物に行く旅行先になっている．

　第二は，この村も含めた珠江デルタの各地は内陸部からの移民の目的地になったことである．1980 年代から農民の都市への流入が目立ちはじめる．故郷を出て都市に向かう農民たちは，当初その動きを「盲流」，後に「民工潮」と形容され，都市に不可欠な労働力となっていった（小林 2008：264 頁）．現在少なくとも 1 億 2,000 万人の農民人口が「流動」しているとされている（陳 2009：142 頁）．こうした人々の多くは沿海部の大都市を目指し，とりわけ広東省はその一大目的地とされた．2000 年のセンサスによると，広東省には全国の外来暫定居住人口の 35.5％，1,506 万人がいるとされる（厳 2010：154 頁）．なかでも「改革開放」の恩恵をいち早く受けた珠江デルタの各村には，広東省北部や四川，湖南，貴州などから出稼ぎ移民が押し寄せた．多くは工場での労働に就き，「世界の工場」を支える労働力となったのである．この村にも，増減はあるものの，1990 年代から 2000 年代にかけておよそ 2,000 人の外来人口が暮らしている[注9]．

　第三には，村の人たちが近隣の都市部を目指すようになったことである．とりわけ 1970 年代以降に生まれた者たちの多くは，一時的であれ，長期的であれ，

就学や就労や子の教育等のために，番禺区の中心地である市橋に暮らしている，または暮らした経験をもつ．広州市の中心部で就学経験をもつ者も少なくない．このことについて，27世たちの例を追ってみてみよう．^{注10)}

27世たちの選択

　26世たちの子とその配偶者，すなわち27世たちはいずれも1970年代から1980年代の生まれで，就学期と就労期にはすでに改革開放と人民公社の解体が始まっていた．これら27世たちに特徴的なのは，近郊の都市，すなわち番禺の中心である市橋と村との間で流動性の高い生活を送るようになったことである．図2に明らかな通り，27世aから27世oのうち，27世eとfの2人を除いた全員が市橋もしくは広州での生活経験がある．以下，個別にみてゆこう．

　26世e・fたちの長女27世bは1970年の生まれである．彼女の夫27世aもこの村生まれの同級生で，村近くの銀行での勤めを病気を患ったことがきっかけで辞めた後，市橋で骨董品を扱う店舗を経営していた．その期間は27世bも市橋で夫の叔母が経営するエステで働いていた．当時，2人とも村から市橋までバスで通勤していた．その後，夫は市橋の店をたたみ，現在は主に村の自宅にてネット上での骨董品の取引を，27世bもやはり村で弟27世fのくじを売る店舗（後述）を一日数時間だけ手伝っている．娘の28世aは2012年の9月から市橋の高校に通い，寮で暮らしていた．2015年からは広東省珠海の大学で薬学を学んでいる．

　次女の27世dは1972年の生まれである．近隣の村出身の夫27世cは住宅の改装業を営んでいる．彼女と息子の28世bは，彼の小学校への就学を機に，市橋に購入したマンションに母子2人で暮らすようになった．夫はこの村の隣村に暮らしており，彼女と息子は週末や学校の長期休暇期間には村に帰って過ごしている．息子は現在，広東省西部の湛江大学で経済を勉強している．

　長男の27世fは1975年の生まれで，広州市の専門学校で動力機械関係のことを学んだ後，村に戻って，はじめ製紙工場で働き，次いでエアコン修理店での仕事に就き，その後はくじの販売店を営んでいる（彼のライフヒストリーは後に詳述する）．

　26世g・hたちの長男である27世hと妻の27世i一家は市橋にほど近い妻の実家に，長女の27世kと息子28世fも市橋に暮らしている．26世j・kたちの

長男 27 世 l と妻の 27 世 m 一家，および次男の 27 世 n と妻の 27 世 o 一家もいずれも市橋に暮らしている．27 世 l は区政府で，妻の 27 世 m は市橋のホテルでそれぞれ働いており，それ以外の者たちはみな銀行に勤めている．また 26 世 j・k 夫婦は，2 人の息子たち一家がともに市橋で暮らしていることもあり，教員の勤めを退職した後，孫たちの面倒をみるために市橋にマンションを買って移り住んだ．その他，特筆すべき事項としては，27 世 n・o 一家がつい最近，村の近くに建設中の高層マンションを購入したことが挙げられる．市橋での生活があまり好きになれず，やはり村の暮らしがよいと思うので，戻ってくることも考えているという．あるいは将来的には子どもの就学のために，平日は市橋で，週末は村で過ごすというスタイルを選択するのかもしれないということだ．

　このように 27 世たちに顕著なのは，多くの者たちが，居住あるいは就労場所として近隣の都市，すなわち市橋を選択しているということである．27 世らの世代にとっては農村出身者であってもホワイトカラーへの就業が珍しくなくなり，多くは高校までは村で学び，就職を機に市橋に出るというライフコースをたどっている．またその子らの世代になると，就学期から市橋に出るというケースも目立つようになっている．上にみたように，27 世 d は息子の小学校への就学を機に，28 世 a は高校進学のために市橋で暮らしはじめている．

　都市部に移る，あるいは都市部にとどまり続ける人たちの大きなモチベーションの一つが教育である．いわゆる教育環境のよいとされる学校が都市部に多いのは日本も変わらないが，中国に特徴的なのは，自らの本籍地でない場所の高校に進学するのは何かと不都合がつきまとうということだ．とりわけ特徴的なのは，試験成績との兼ね合いにもよるが，たいていは「賛助費」と呼ばれる金を納めなければならないという点である．そのおおよその相場は 2 万元だといい，概算でも給料の 4 〜 5 カ月分に相当する[注11]．これを考えると，都市部に就労し，家屋を買って居住している方が有利なので，子どもの教育を考えた場合，移り住むのは早いうちがよいということである．

　また，27 世 d・28 世 b や 28 世 n・o 一家のように，市橋と村を行き来した生活を送っている，またはこれから送ろうとしている者たちもおり，村を出つつも，都市と村との間での移動性の高いライフスタイルをみることができる．

　1970 年代後半からの改革開放と人民公社の解体によって，経済活動と移動の

面でいうと，村の人々はそれ以前の 20 年間あまりと比べて大きな自由を得た．その前後に生まれ，1980 年代から 1990 年代に就学・就労期を迎えた 27 世たちの世代が目指したのは，近隣の都市，市橋であった．同じ番禺区内の，村からはバスで 30 分の距離に位置する市橋は，実家との往来や両親に子の面倒をみてもらうという都合を考えたときに，遠すぎないロケーションにあるといえる．都市に向かうとはいえ，市橋よりもはるかに規模の大きな広州までは移住のベクトルが向かっていないのもここに原因があるのだろう．

　ただし，これは言い方を変えると，27 世と 28 世たちは，移動や職業の選択がかなり自由になった状況下にあっても，それほど長距離の移動は選択していないということでもある．移動先としては市橋か，広州か，あるいは大学に通う場合も省内にとどまっている．地元とその近くに居続ける彼らと接していると，この村にひしめき合うように暮らしている内陸部からの出稼ぎ者たちとのコントラストが際立つ．ここでもまた動かない人に着目する必要性（Cohen and Sirkeci 2011）が想起されるのだ．以下，27 世 f のライフヒストリーを元にそれについて考えてみよう．

アファイのライフヒストリー

　27 世 f のことをアファイと呼ぶ．アファイは 1975 年生まれで，ちょうど筆者と同年代である．筆者と知り合った 2002 年頃は，近隣の村出身の妻と娘，それに両親とともに暮らしていたが，この妻とは 2008 年に離婚し，娘は彼が引き取った．2015 年には同じ村出身の女性と再婚し，2016 年に生まれた娘は 1 歳半になる．再婚を機に，26 世 j・k たち（前述の通り，退職後に孫たちの面倒をみるために市橋へ引っ越した）の家屋を借りて親子 3 人で暮らしている．アファイらと彼の両親の家とは歩いて数分の距離にあり，中学 3 年生になった上の娘は祖父母宅で暮らしているし，下の娘をみてもらうことも多いので，彼は 2 つの家と店の間を日中も夜も行ったり来たりしている．

　筆者が村に滞在している間，アファイは毎晩 23 時にくじ販売店での仕事がはけると，決まって筆者を飲みに誘ってくれる．同世代の彼の友人たちや，ときには妻とその友人らも来て，にぎやかに深夜 1 時頃まで飲み，その後に粥や麺などの夜食を食べて帰るということが多い．彼によると，別に筆者がいなくても，少

なくとも夜食は毎晩食べに出て，翌日はだいたい昼前まで寝ているという．彼も下に述べるように，その間は父親や姉が店に出ている．

　　村の中学を卒業して，広州の中山大学の前にある専門学校に行ったんや．そこに4年通った．工場のボイラーとか電力のことを勉強した．その学校を出たら，地元の製紙工場に就職できることになっとったからな．親父もそこで働いてたし[注12]．けど働いてみたら，3シフトの交代制でけっこうきつくてな．給料もいまいちやし，先はあんま明るないかなって．それで，下の姉の旦那がエアコン修理の店を始めたから，そこで働くことにしてん[注13]．1年ほどしてから，牛乳の卸をやってるいとこが，こっちで販売店やらんかっていうから，それもやることにした[注14]．せやどな，牛乳1個売っても，儲けはたった7角やで．金なんか稼がれへん．しかも，問題も起こって，みんな牛乳飲まんようになったしな[注15]．

　　くじの店を始めたんは，広州で勉強してたときに近くに店があって，めちゃ賑わってたんよ．これはええかなあって．当時このあたりはカウンターだけのちっさい店しかなかったから．今，景気はけっこうええよ．賃料は4,000元で高いけど，だいたい月に6,000元くらい儲けはある．できればもう一，二店舗，経営したいけどな．せやけど，そしたら人を雇わなあかんやろ．今は親父と姉ちゃんも朝から昼過ぎまで店をみてくれてるからええけど，人件費は上がってるから，人を雇うんは難しいんよ．

　　他の場所に行こうと考えたことはないかって？　それはまったくなかったなあ．何でって，うーん，何でやろ．まあ，独立心がないといえば，そうかな．―川口：ゆくゆくは親の面倒をみないといけないから？　―うーん，というより，親がおるから，こっちが助かるっていうのはあるやろ．地元やと，知り合いとかもおって，何かと便利やし．知らんとこに行ったら，そういうの一から作らんとあかんやん．こっちに来てるんは四川とか，貴州とか，みな貧しいところからやろ．上海かて，当時はまだ全然やったし．ちょうど鄧小平が改革を進めてて，広東に経済特区つくったりして．そら，経済の環境はこの辺がええよ．

　　上の娘は，もうすぐ高校受験や．市橋の高校に行けたらええけどな．今

の成績やと，ちょっと難しいかもな．そしたら近くの高校に行くしかない
わな．下の娘は，夜に嫁もこうやって飲みに行くときは，嫁の母親がみてる．
近くに住んでるからな．

　アファイは広州で就学したが，それはゆくゆく村近くの工場で働くことが織り
込み済みの選択だった．その後，いくつかの職を経験するが，みな村のなかで，
しかも親族とのコネクションのなかで得たものである．2人の娘の養育とくじ販
売店の仕事，それに彼の今のライフスタイルも家族なしでは成り立たないもので
あろう．他の場所に行くということはそれらを手放し，まったく新しく構築しな
ければならないことを意味している．これはいみじくも，一つ上の世代のカン叔
が言った「基盤があってはじめて行ける」と符合する．確かに，家族も地元の人
間関係も投げ打って何百 km も離れた新天地に来て暮らす人々はこの村にもたく
さんいる．しかし，そうした移住者らの出身地は総じて経済発展に立ち後れた内
陸部であるのに対して，アファイが青年期を迎えた 1980 年代の末から 1990 年代
初頭の珠江デルタは，彼も言っているように，改革開放のフロントとして沸き
立っていた．彼らは動かないという選択を積極的にすることができたのだ．そこ
そこの稼ぎを得て，仕事後には地元の仲間たちと楽しく飲み食いしているアファ
イの今の生活は，筆者の目からも悪くないものにみえる．沿岸部や大都市を中心
に豊かな人々が増えてきているとはいえ，それでも全中国的にみると，彼もまた
"happy minorities"（「幸福な少数者」）（嶋 2010：209 頁）なのであろう．

6　故郷から離れないということ

　これまでみてきた通り，珠江デルタに位置する村の人々の移動ベクトルは幾度
かその向きを変えてきた．もちろんそれらは一人一人の個人の思惑や選択の結果
であるから，すべてを単純に時代と世代とに帰することはできないが，本章で述
べた事例からは一定の傾向が顕著にみいだせたことも事実である．
　20 世紀初頭から 1940 年までは，広州などの都市部や香港との流動性が顕著で
あり，1949 年から約 30 年続いた集団体制期にはそうした移動は途絶え，密航と
いうかたちでの香港への一方的な人の流れが生じた．1980 年代に入ると香港側

も密航者の受け入れを停止し，また改革開放によって珠江デルタはめざましい経済発展を遂げたために，香港への移動の波は止まった．かつてあれほど人々を引きつけてやまなかった香港や，大都市である広州への移動については，買い物などを別にすれば，1949年以前のような流動性はみられない．一方，この時期には，内陸部からの出稼ぎ移民が沿岸部の豊かな地域に押し寄せ，この村を含めた珠江デルタ各地は，移民を送り出す地域から，国内の移民が目指す移住先となった．他方，珠江デルタの人々が新たに向かうようになったのは近隣の都市，より具体的にいうと，旧県城あるいは区政府の所在地，この村の場合は番禺区の中心地の市橋である．ここで今一度，図2に目をやると，25世には広州や香港での，27世には市橋での居住歴があるが，対照的に26世たちの大半は他地域に暮らした経験のないことがはっきりとわかる．グローバリゼーションやトランスナショナルな移動を否定するつもりはないが，その傍らでは，このようなかたちでも人々は動いたり，あるいは動かなかったりしているのである．そこには単に国と国との間のみではなく，都市と農村の間に，さらには戸籍の別によっても境界が設けられ，人々はその内にとどまったり，それを越えたり，越えようと試みては挫かれたりしてきたのである．

　今日，多くの者たちを市橋に向かわせる目的の一つが子の教育であり，それを見越したうえで若者が就労先として，それからリタイアした親世代が孫の面倒をみるために移住するというケースが少なくない．都市の規模でいえば広州が圧倒的に大きいが，人々はいわばその一歩手前の都市である市橋に向かっている．それは村との往来や，家族との関係性を考慮した際に，市橋が遠すぎない都会として好都合だからだろう．^{注16)}

　かつて費孝通は，人が多く土地が少ない中国農村の健全な発展のためには，小城鎮，すなわち周辺村落の経済的・文化的な中心地を産業化して，農民が「離土不離郷」，すなわち「土を離れても，故郷から離れない」状況をつくりだすことが必要だと説いた（費 1988）．この村も鎮の所在地であるが，現在，人々は鎮を飛び越えつつも，さらなる大都市の手前の，旧県城クラスの近隣都市を目指すようになっている．そこへ移住した者たちはしかし，村との往来や家族との紐帯は持続させている．先ほどの費（1988）の表現を借りるなら，さしずめ「故郷を出ても，故郷から離れない」ということになろう．そこには生活するには十分な豊

112

かさを手に入れつつも，よりよい就労や教育の環境を求め，かつ家族および出身地との実体的な関係を維持しようという人々の価値観と意図がみてとれる．こうした「故郷を出ても，故郷から離れない」というところにも，移動に関する人々の特徴の一つが顕れているのである．地元，あるいはその限りなく近隣で暮らし続けるメリットは，地域の経済状況と，家族や近しい親族や友人知人との関係性とが相まって確実なものとなり，（最低限しか）動かないというメンタリティが形づくられている．「移住の文化（cultures of migration）」（Cohen and Sirkeci 2011）は確かに存在するが，「動かないという文化」も確実にあるのだ．

　ただし，本文の例でいうと，1970 年代から 1980 年代生まれのアファイたち 27 世の世代で大学を卒業した者はおらず，専門学校か高校卒業後に就職というコースが一般的であった．1980 年代から 1990 年代の大学進学率は数％であり，農村出身者にとってはその壁はなおさらに高かったのである．しかし，現在では大学進学率は 20％を超えるまでになっており，28 世 a と 28 世 b もそれぞれ広東省内の大学に通っている．この 2 人は比較的近い省内の大学を選択しているが，農村部においても大学進学がより一般化していくであろう今後，その進学先とともに卒業後の進路選択も注目される．大学進学を機に中国全土を視野に入れた移動が選択肢として今以上に一般化するのか．卒業後，若者たちは村に U ターンするのか，近隣の都市に J ターンするのか，あるいはまったく別の場所での生活を選択するのだろうか．家族関係も含めて今後，注視していこうと思う．

注
1) 「居民」と呼ばれる，「非農民戸籍」の者を含めた数字である．
2) 荔湾区，越秀区，海珠区，天河区，白雲区，黄浦区の 6 区．行政単位としての広州市は拡大を続け，今日ではこの他に 5 区を加えた 11 区から成っている．実はここで取り上げている番禺も 2000 年から広州市下の区に編入されている．しかし，人々の実際的な認識としては広州と番禺は厳然と区別されている．たとえば村の人たちは自分たちを「広州人」ということはないし，「広州に行く」（「出広州」）というときの広州は普通，上記 6 区の市中心部を指す．逆に広州 6 区の人たちは，番禺を広州だとは絶対にみなさない．よってこうした実情にかんがみて，本章で言及する広州は，便宜的にこの中心部のこととする．
3) 自梳女たちは数人で家を借りて共同生活をしていることもあった．この村にもかつて自梳女が暮らしていた住居があり，「斎宅」と呼ばれていた．なお珠江デルタにおけるこうした女性については，ストッカード（Stockard 1989）とシウ（Siu 1990）による研究がある．
4) 彼らは中国語方言の一つである広東語で会話しているので，その雰囲気を出すため，本章での会話は関西弁で表すことにしたい．

5) 政府が規制を加えたにもかかわらず，都市人口は 1949 年の 5700 万人から 1957 年には 8900 万人に膨張し，結果として都市の食料問題や非雇用者の問題が深刻化していた（Selden 1979：55 頁）.

6) 「戸籍」という言葉を使ってはいても，中国の戸籍制度は日本のそれとは大きく異なっており，理解は容易ではない．本章では紙幅の都合上，内容の理解に必要な程度の記述にとどめざるをえないが，王（2004）はそうした点を踏まえて比較的わかりやすく説明している.

7) こうした不法移民は，中国との国境付近で発見された場合は送還の対象となるが，中心部までたどり着いた場合は入境処への出頭や登録など正規の手付きを経て居住権を付与された．これを「タッチベース政策」（抵壘政策）と呼んだ（愛 2009：71 頁）.

8) 熟練技能者に対する尊称.

9) ただし，ここ数年では労働者の賃金が高騰して，工場側の操業が苦しくなるケースが増えている．それにともなって，出稼ぎ者の数は減少している．正確な数を知るのは難しいが，村の人の印象だと，ピーク時の 8 割ほどになっているという.

10) なお記述内容が過度に煩雑なものにならないように，26 世以下で言及するのは 25 世 a・b の子たちのうち，村に住む，もしくは最近まで住んでいた 26 世 e ～ 26 世 l とその子および孫に限定する.

11) よって，出稼ぎに来ている人たちの子どもたちには就学のうえで大きな困難がつきまとうということにも言及しておかなくてはならない．本章では村出身者に着目しているので，この問題についてさらなる論述はできないが，厳（2010）や宮崎（2009）が詳しく論じている.

12) 親父＝ 26 世 e のこと.

13) 下の姉の旦那＝ 27 世 c.

14) いとこ＝ 26 世 b の長男.

15) 2008 年に牛乳にメラミンが混入していたことが発覚し，社会問題になった.

16) しかし，市橋の不動産価格は急激かつ大幅に上昇しており，今や都市部にマンションを購入して引っ越すのは相当難しくなっているというが最新の状況である．これについては本稿では紙幅の関係で詳述できないが，稿を改めて論じたい.

文献一覧

陳映芳
　　2009 「制度および文化としての「農民工」──継続するシステム」，根橋正一・東 美晴編『移動する人々と中国にみる多元的社会──史的展開と問題状況』，東京：明石書店：142-165 頁.

陳代光
　　1997 『広州城市発展史』広州：暨南大学出版社.

費孝通（大里浩秋・並木頼寿訳）
　　1988 『江南農村の工業化──"小城鎮"建設の記録　1983 ～ 84』，東京：研文出版.

厳善平
　　2010 『中国農民工の調査研究──上海市・珠江デルタにおける農民工の就業・賃金・暮らし』，京都：晃洋書房.

蒋祖縁・方志欽
　　1993 『簡明広東史』，広州：広東人民出版社.

小林一穂
　　2008 「中国農村家族の変化と安定──山東省の事例調査から」，首藤明和・落合恵美子・小林一穂編『分岐する現代中国家族──個人と家族の再編成』，東京：明石書店：256-301 頁.

宮崎 満
　　2009 「農民工「流動」子弟の教育問題」，根橋正一・東 美晴編『移動する人々と中国にみる

114

　　多元的社会——史的展開と問題状況』, 東京：明石書店：166-191 頁.

西澤治彦

　　1996「村を出る人・残る人, 村に戻る人・戻らぬ人」, 可児弘明編『僑郷華南——華僑・華人
　　　　研究の現在』, 滋賀：行路社：1-37 頁.

王分亮

　　2004『九億農民の福祉——現代中国の差別と貧困』, 東京：中国書店.

瀬川昌久

　　1996「南へ——連続的視点からみた漢族の国内／海外移動」, 可児弘明編『僑郷華南——華僑・
　　　　華人研究の現在』, 滋賀：行路社：98-115 頁.

嶋陸奥彦

　　2010『韓国社会の歴史人類学』, 東京：風響社.

床呂郁哉

　　1999『越境——スールー海域世界から』, 東京：岩波書店.

ヴォーゲル, エズラ　F.（中嶋嶺雄監訳）

　　1991『中国の実験——改革下の広東』, 東京：日本経済新聞社.

吉原和男

　　1995「中国人社会の同郷結合と社会関係ネットワーク」, 可児弘明・游仲勲編『華僑華人——
　　　　ボーダレスの世紀へ』, 東京：東方書店：195-218 頁.

元邦建

　　1988『香港史略』, 香港：中流出版社有限公司出版.

Cohen, Jeffrey H. and Ibrahim Sirkeci (eds.)

　　2011 *Cultures of Migration: the Global Nature of Contemporary Mobility.* Austin: University of Texas
　　　　Press.

Fan, Shuh Ching

　　1974 *The Population of Hong Kong.* Hong Kong: Swinton Book Co. Ltd.

Massey, Douglas

　　1990 Social Structure, Household Strategies, and the Cumulative Causation of Migration. *Population
　　　　Index*, 56(1): 3-26.

Parish, William K. and Martin King Whyte

　　1978 *Village and Family in Contemporary China.* Chicago: The University of Chicago Press.

Siu, Helen

　　1990 Where were the Women?: Rethinking Marriage Resistance and Regional Culture History. *late
　　　　Imperial China* 11(2 December): 32-62.

Siu, Yat-ming

　　1999 New Arrivals: A New Problem and an Old Problem. In Stephen Y. L. Cheung, Stephen M. H.
　　　　Sze (eds,), *The Other Hong Kong Report* 1998, pp. 201-228. Hong Kong: The Chinese University
　　　　of Hong Kong.

Stockard, Janice E.

　　1989　*Daughters of the Canton Delta; Marriage Patterns and Economic Strategies in South China,
　　　　1860-1930.* Stanford: Stanford University Press.

第7章 《一時滞在者》の社会的ネットワークに関する人類学的研究

在日中国人技能実習生を例として

李 斌
Li, Bin

1　一時滞在者としての技能実習生

　これまでの在日中国人研究は,「定住者」と留学生に注目するものが主であった. 定住者にせよ, 普通の出稼ぎ移民にせよ, 彼らは自分の移動を自己意志で決定でき, 正当な理由があれば滞在時間も自分で管理できる. 一方, 技能実習生は滞在時間が渡航する前にすでに規定される. 彼らは, 意識上どのような変化が生じようとも, 技能実習期間終了後帰国しなければならない. すなわち, 制度上の制限により, 彼らは引き続いて日本で生活しようとしてもその手段がない. いわゆる正真正銘の「一時滞在者」である.

　彼らは, 親戚のネットワークを利用し来日する移民と異なり, 送出機関を介し来日する. また, 彼らは日本全域の工場で仕事をするので中華街や特定の団地に集中せず, 居住地は各地域に分散している. さらに, 制度上と言語上の制限のため, 技能実習生の流動性は非常に低い. 親族・親友ネットワークによる移住ルートではなく, 主に技能実習制度に頼り来日するので, 故郷の発展にも熱心でなく, 帰国後,再就職の際に技能実習経験をどれほど活用できるかも不確定であるので, 故郷の発展より自分の人生設計を重視する傾向がある.

　このように,同じ中国系とはいっても,技能実習生と華僑・華人,留学生,ニューカマーとの相違点が非常に多い. 本研究の目的は「一時的滞在者」である中国系技能実習生を対象にして, 彼らがいかに社会関係資本を用いてこの制度に対応するのかを生活の面から明らかにすることである.

2　来日前の準備

　制度上の移住プロセスからみれば，技能実習生を受け入れようとする日本側の企業は協同組合に申し込み，その後，協同組合は出身国の送り出し機関に人材選びの依頼を出す．送り出し国側において送り出し機関は募集情報を流し，応募者を待っていればいいという状況にみえるが，実はそれだけではないのである．もちろん送り出し機関から出した求人情報を発見して直接に応募する人もいることは否定できないが，こういう求人情報をいくら流しても村々や小さい地級市（県の下に所属する市）レベルの行政区にまで浸透するのは難しい．筆者の調査によれば，親戚から技能実習生制度の存在を聞き，親族の紹介や親族ネットワークを利用し来日した人は少なくない．

　来日への決意は何らかのロールモデルの存在に負うところが大きいといえる．人はだれでも無意識のうちに「あの人のようになりたい」というロールモデルを選びその影響を受けながら成長するといわれている．ただし，技能実習生に影響を与えるのは偉い人物ではなく，技能実習経験を有する親戚である．来日する前に彼らは技能実習制度の実際の流れと日本の生活についてはあまり知らないので，技能実習経験をもつ親戚は情報源であり，頼りになる人である．技能実習生にとっては送り出し機関の宣伝より親戚から聞いた生活環境や給料など確実な情報の方がより魅力的で信頼性があるといってよい．

　中国では個々の研修・技能実習生候補者が，日本側と直接に交渉・連絡するのは認められず，必ず送り出し機関を通して応募し，送り出し機関から日本へ派遣されることになっている．研修・技能実習生候補者は送り出し機関と交渉しているうちに，高額な仲介料を支払わなければならない．送り出し機関で仕事していたインフォーマントによれば，河南省の送り出し機関の徴収した仲介費は35,000人民元（2017年5月のレートで約57万円）であり，そのなかには斡旋料，保証金，ビザ申請の手数料と日本語の授業料が含まれている．そのうち，15,000人民元は保証金で，研修終了後，無事に中国に帰国したら返却される．数万元の仲介費は研修・技能実習生候補者にとって非常に高額な費用なので，調査対象全員は親戚か友達から借金し，高額の仲介費を賄うしかない．彼らは1人の親戚あるいは1人の友達から大量の金を借りるではなく，数人の友達か親戚からそれぞれ数

千元を借りている．そして，日本で働き始めてから月給の一部分で借金を返済するのが一般的である．

　従来の研究（杜国慶 2004, 山下清海他 2010, 山下清海他 2013 など）からみると，日本への移住が実現できたのは移民ネットワークの存在に負うところが大きいケースが主であった．歴史的に有名な「僑郷」であった福建省福清市や，「中国北方の僑郷」と呼ばれ，在日新華僑の主な僑郷の一つである黒竜江省方正県からの移住者の例からみれば，日本への移住が実現できるかどうかは特別な移民ネットワークと移民ルートの存在に依存している．しかし，技能実習制度の創立はこの従来の枠組みを打破したといえる．日本に祖先や親戚がいないとしても，技能実習制度を利用し日本で働くことも可能になった．ただし，技能実習制度の規範を厳守しなければいけないのは他の移住者と異なるところである．技能実習制度の存在により，日本で働く意欲をもっている人はとりあえずその移住プロセスに従い来日を実現できる．

　もっとも，上述したように親戚ネットワークや友人ネットワークが完全に役に立たないというわけでもない．来日の契機からみれば，彼らは元技能実習生であった親戚に影響されている．また，農村部や募集情報の及ばないところに住んでいる人は技能実習制度についての情報は殆ど親戚や友人のネットワークを利用し手に入れていることが明らかとなる．さらに，仲介費の調達も親戚や友人に負うところが多い．送り出し機関への所定の仲介費も親族や知り合いのコネにより調整可能な場合さえある．

　表向きに技能実習生の送出は送り出し機関という仲介者の手に委ねられているが，彼らの移住は親族・親友ネットワークに依存しないまったく新しい移住の形ではなく，情報伝達機能の補完，情報の信頼性の保証，ロールモデルの提供，来日費用の調達などの点に関してはそれらのネットワークが依然として重要な機能を果たしている．技能実習生の来日の実現は技能実習制度によるものにみえるが，当事者が最終判断を下す際に「背中を押す」のはやはり親友や友人の勧めや同意である．

3　日本滞在中の生活

研修機関での社会適応訓練

　2015 年 8 月の調査地は静岡県内に位置している A 研修機関である．当時，ここに集まっていたのはすべて河南省出身，合計 20 人の新規技能実習生であった．そのなかで 10 代から 20 代の男性が 15 人で，30 代の男性が 2 人であった．これに対して，10 代の女性は 1 人で，20 代は女性は 2 人しかいなかった．全員が河南省出身である原因は，河南省が膨大な農業人口を抱え，出稼ぎ労働者の主な送り出し地の一つだからである．さらに，A 研修機関は河南省の送り出し機関と特別な業務関係を結び，河南省の応募者を技能実習生候補者として優先的に受け入れている．技能実習生の男女比率が不均衡なのは静岡県の受け入れ企業が主に工業関連の業務に従事し，男性労働者に対する需要が女性より高いからである．

　では，研修機関でどのように社会適応訓練を実施するかというと，日本社会のルールに対する説明を日本語の授業に混ぜ込むという形である．新規技能実習生にとって日本語の勉強は非常に時間がかかる．授業のない週末でも寮で復習と予習をやるのが一般的である．日本語の先生は授業中，テキストのなかに日本社会の規則にかかわる内容をみつけると，それをついでに彼らに紹介する．つまり，日本社会の規則に関する専門的授業は開設されていない．どの会社で仕事するかは来日前にすでに決められているので，研修機関滞在中の研修費と生活費はすべて会社側が負担する．

　新規技能実習生は日本語の勉強に対してどれほど興味をもっているかというと，筆者の観察と聞き取りによると，彼らは社会適応訓練を制度上の一環とみなし，キャリアに生かせる知識と思っていない．新規技能実習生が最も気にするのは日本語の勉強ではなく，先輩たちとかかわり，できるだけ早く会社のことを教えてもらうことである．社会適応訓練終了後，新規技能実習生はそれぞれの会社に入り本格的な技能実習を始めるが，日本側の研修機関との繋がりを完全に絶つわけではない．

　なぜ研修機関で築かれた人間関係が重要なのかというと，彼らは日本に滞在中の 3 年間に，工場以外の日本人に接触する機会は非常に少ないからである．在日中国人というと，華僑，留学生やニューカマーを思い浮かべる人が多いが，技能

実習生はしばしば見落とされる存在といってよい．したがって，彼らは他の在日中国人，さらに，他の県で働いている技能実習生と交流する機会も少ない．彼らによれば，研修機関で知り合った人は彼らの在日期間の人間関係の過半数を占めるといえる．

職場での不満と日常的紛争

　次に，筆者が調査した M 自動車整備会社の状況にもとづき，具体的に技能実習生が働く会社の職場環境と日常的紛争について考察する．とりわけ，仕事場での困難と日常的な紛争に対する態度を分析し，同僚間の人間関係がどのように機能するかを中心にみていこう．1960 年に創立された M 自動車整備会社は自動車用タイヤ販売と整備を営む．2000 年以降，中国人技能実習生を受け入れ始めたが，2014 年にインドネシア共和国に支社を設立して以降，インドネシア人技能実習生もしだいに増えてきた．

　自動車整備会社の作業内容と流れを簡単に紹介すれば，以下のようである．会社は注文を受付してから，前処理を開始する．前処理というのは，洗浄，脱脂，水洗い，酸洗いを経て，再び水洗いし，化成皮膜した後，もう 1 回水洗いし，熱風により乾燥させるという流れである．前処理を終えると，塗装の段階に入る．この段階は，粉体塗装と溶剤塗装にわかれる．すべての自動車は溶剤塗装を施すが，そのなかの一部の自動車だけは粉体塗装を施す．その後，乾燥させて，最終検査を行う．検査も二つの段階にわかれる．検査担当の技能実習生が検査してから出荷する前に，工場長がもう一度最終確認をしなければならない．上述のことからわかるように，作業の流れは組立チェーンという形である．同じ組立チェーンに所属する技能実習生はそれぞれ異なる仕事を担当するものの，それぞれの担当者の作業スピードに影響される．

　筆者の調査によると，自動車整備会社の男性技能実習生は残業時間が長く，平均的に週 15 時間程度である．しかも，注文量により土・日曜日のいずれか 1 日間に残業をすることもある．ただし，ここの技能実習生は残業時間が長すぎるとは思わず，逆に，残業の増加を期待している．女性技能実習生の方は残業があまりないが，賃金の低さに困っている人が多い．ある水産加工会社で働いている女性の場合，月給のなかで控除額は総計約 47,000 円であり，手取りは 10 万円しかない．

中国人技能実習生の場合，職場での不満が賃金に集中することは上林の調査結果と一致する（上林 2015）．ただし，指摘しなければいけないのは，上林は職場の人間関係に困る人は少ないと分析しているが，職場の人間関係と来日の目的である金銭獲得の間にどのような関係が存在するのかという点には触れていない．

　M 自動車整備会社で働く同僚である ZXY と ACC 二人の口喧嘩の事例を検討しよう．検査エリアで検査を担当した ZXY は同じ組立チェーンの ACC の作業スピードが速すぎるといって，彼に「俺のスピードに合わせてゆっくりやれ」と怒鳴った．ACC は口数の少ない人だと言われているが，その日は ZXY の非難に強く反発した．「お前が遅すぎるんだろう．休みが終わったばっかりなのに」と言い返した．仕事中なので，両方ともこれ以上言い争いしなかったが，寮に帰ってから軽い小競り合いが起こったという．寮に帰った後，ACC は「あんたの作業スピードが遅いから，教えてやったんだよ．サボったら給料泥棒になってしまうぞ」と ZXY を非難した．逆に ZXY は「あんたは何もわかっていないから月給が少ないのだろう」と言い返した．

　紛争を招く争点なったのは，ACC が ZXY の作業スピードが遅すぎると非難したことにある．ただし，なぜこの作業速度の問題が口喧嘩，さらに小競り合いに至るほどの紛争を招いたのかを考えなければならない．この工場で働いている技能実習生たちの毎日の勤務時間は朝 9 時から夜 6 時までである．残業時間が毎日異なるにもかかわらず，残業せず 6 時に寮に帰る技能実習生は殆どいない．残業量は毎日の注文量と作業速度によって決められる．残業料金の時給は 1,400 円であるが，これに対して普段の勤務時間の時給は 850 円しかない．つまり，残業量が多ければ多いほど月給も多くなるという状況である．残業がなく時給 850 円で月 22 日間出勤することにして計算すると，月給はだいたい 15 万円である．

　ただし，1 カ月間で全然残業がないことは調査時点までには一度もないと言い，ZXY によると平日の残業代と週末の残業代を合わせ，毎月の給料は少なくとも 18 万に上る．そのため，技能実習生たちはできるだけ多くの残業がほしい．注文量は自分で調整できないが，自分で作業速度を調整することならできる．ZXY，ZXT と BNM はふだん同じ組立チェーンに所属する同僚であるが，塗装から検査まで何とかして割り当てをぎりぎりで完成すると同時に，相当の量の残業を残すのは三人にとって暗黙の了解である．作業速度を調整すると同時に，彼

らが怠けていることを見破られないように 3 人の間で微妙な協力関係が必要である．もし ZXY が速度を上げたら，いままでの協力関係が崩れてしまう可能性がある．作業スピードを上げると，人間関係も崩れ，生活上にもいろいろな不便を招き，さらに一番困ったことである給料の低さに対する対応策も無効になる．つまり，潜在的に危機を招く恐れのある争点を未然に摘み取る必要がある．

　ここまでの社内の紛争に関する議論で明らかになったように，技能実習生たちの行動を理解するためには，工場の規範とは別にその他の「力」が作用するということを考慮に入れる必要がある．こうした「力」は個人間の関係の領域に存在している．つまり，紛争と対立の根本的な原因は規範分析と個人間の関係の両方を組み合わせることによってはじめて説明することができる．一見，社内の紛争と対立を招くのは仕事のスピードの速さであるが，実はそれは賃金の低さ，残業時間の少なさ，職場の人間関係，日本語のレベルなどさまざまなことと絡み合っているのである．しかも，上述したように，「職場の人間関係」は職場だけに限定されるものではなく，技能実習生の生活上の欲求および未来の人生設計にもかかわるものである．技能実習制度に組み込まれている技能実習生はただ受動的にこの制度と具体的な規範に左右されるだけではなく，能動的に社会関係資本を利用してこの制度の欠陥や職場での困難に対応する者たちなのである．

技能実習生の自己認識と社会関係の拡大

　筆者の聞き取りによると，彼らは自分を「在日中国人」より，「中国人技能実習生」あるいは「研修生」と自称している．実際，「在日中国人」の範囲は非常に広く，在日華僑・留学生・非技能実習制度に関係しない出稼ぎ労働者なども含まれている．もちろん，技能実習生もこの範囲に入るはずであるが，水産加工会社で働いているある実習生によれば，技能実習生は国境を越える派遣社員のような存在であるから，別の在日中国人とは根本的に違う人々であるという．技能実習生であった ZXY らも同じことを語っており，彼らは他の在日中国人と自分とを意識的に区別している．筆者がインタビューした技能実習生のなかで，技能実習生制度と関連しない在日中国人の友達をもっている人は 2 人しかいない．こういった友達をもっているとしても，頻繁に連絡を取っていない．なぜ，自分のことを特別に扱うかと聞いてみると，彼らは技能実習制度の特殊性を強調した．つまり，この

制度に巻き込まれている一員として，この制度そのものは自分の特殊性を示している．具体的にいえば，現時点の留学生や留学を経て日本で仕事をしている在日中国人との区別はともかく，移住ルートから日本滞在中の生活，人生設計に至るまで，日本のあちこちにいる技能実習制度に関係しない中国人出稼ぎ労働者との違いは明らかである．技能実習生はこのような区別を意識しながら，自分の特殊性と技能実習生としてのアイデンティティを築いている．

　技能実習生が直面している外部の環境をみてみよう．エスニック空間を研究している阿部はメディアの視線によるフィリピン人女性像の形成を検討している．日本におけるフィリピン人在留資格登録者の8割を占めている「フィリピン人女性」に焦点をあて，メディアのなかに表象されてきた「フィリピン人女性像」を分析している（阿部 2011：137頁）．それによれば，メディアは外部の環境からの評価として個人あるいはエスニックグループの自己認識に影響を及ぼしているのだという．そこで，筆者は朝日新聞と産経新聞に掲載された2015年一年間で外国人技能実習生を報道する記事をまとめてみた．

　それらの新聞記事によると，技能実習生は弱い立場にある者および日本の法律に逆らう者として表象されている．新聞以外にも，技能実習生に関心をもつ社会学者，経済学者および法律学者はさまざまな論文を出しているが，たとえば，小林真生は「地域社会を通じて見た外国人技能実習制度－北海道稚内市の事例を中心に－」という論文で制度面において技能実習生と現地社会の関係を検討している（小林 2009）．また，外国人研修生問題ネットワークが編集した『外国人研修生－時給300円の労働者－』（外国人研修生問題ネットワーク 2006）は技能実習生の残酷な生活環境を暴露している．西原和久の論文「超境する人々－東ヶ岳東南麓の外国人農業研修生」では外国人農業労働者について概観し，国家，社会そして人際交流の現在を考察している（西原 2010: 90-110頁）．技能実習制度が成立された20年間以来，技能研修生についての研究は途絶えず，制度の不備と紛争の解決に目を向けてきた．要するに，技能実習生を体力労働者，地域の不安定的要素および社会における弱い立場にある者と認識している．

　調査した際に接触した中国人技能実習生たちは日本語が堪能でないため，実際に新聞やテレビを見る人はあまりいない．しかも，彼らは研究者でもなく，研究論文に接触する機会がほとんどない．では，一見技能実習生が接触しにくい外部

報道がいかに彼らのアイデンティティに影響を及ぼしているのかというと，外部の報道は他の在日中国人を通し，彼らに間接的な影響を与えていると思われる．

技能実習生は普段「微信」というアプリで両国にいる友達や親戚と連絡している．また，このアプリを利用して新しい友達を作ることができる．一応マッチしたら，互いにしゃべることができるので，技能実習生以外の人との付き合いに非常に便利な方法だといえる．ZXY によれば，何回もそうだったのであるが，自分の仕事を紹介する前には話が弾んでいたのに，技能実習生であることを伝えたら，話を続けられなくなってしまった．ある場合には，相手から「新聞に載っているような悲惨な生活は本当なの？」とか，「パワハラってよくあるの？」など技能実習生の嫌悪感を招く質問が出てくるという．

世論から影響を受けた在日中国人は技能実習生に偏見をもっている．この偏見により，双方が接触するときに一方がやりとりをやめてしまう可能性が高い．技能実習生の自己認識の形成が直接に世論の影響を受けているわけではないけれども，他の在日中国人との接触を通し，自分のことが特別に扱われているのがわかることにより受動的に技能実習生としての自己意識が形成される．しかも，こういった技能実習生としてのアイデンティティは否定的な自己認識だといえる．他の在日中国人と接触しているうちに，他人と比べて自分はレベルが低い存在であるという認識が形成されてしまう．

八尾は「分断される琉球華僑社会」のなかで，琉球における華僑社会の重層的構造を指摘する．すなわち，同じエスニシティをもつ者同士にもかかわらず，エスニック・マイノリティが一枚岩のようなエスニック集団を形成するとは限らないという移民研究の常識を提示し，琉球華僑がひとつのまとまったエスニシティ集団を形成しなかったことを考察する（八尾 2014: 321-350 頁）．著者は労働市場や国際環境などの構造的要因によって琉球華僑は華南圏や他の圏域などから沖縄への流入が重層化されていると論じている．

技能実習生も留学生も在日中国人社会人も，日本におけるすべての中国人はエスニック・マイノリティとしての存在であるが，各グループの交流はあまり頻繁ではない．とくに技能実習生と他のグループとのギャップは非常に大きい．無論，工場外の人間関係をうまく築けないのは，技能実習生の生活場所が留学生や社会人の集まる都市から離れたところにあることも一つの原因である．しかし，そ

れだけではなく，ZXY のように一応連絡を取り，積極的に社会ネットワークを広げようとする場合にも，外部環境の原因でうまく進まないことが生じやすい．ZXY の事例を考えてみると，「我々は完全に違う人」という自己認識はさまざまな外部環境によって構築されたものである．

こういった外部環境は技能実習生たちの社会ネットワークの拡大を阻み，「技能実習生」としての意識形成を促進している．また，いったん「我々は完全に違う人」といった認識が形成されると，技能実習生自身も積極的にネットワークを拡大する意欲がなくなるといえる．また，この重層的な構造を形成するもう一つの原因は技能実習制度に対する認識にある．つまり，彼らは日本滞在時間が限定されている一時滞在者であるから，再入国を考えていない技能実習生にとって他の在日中国人と何らかの繋がりをもっていても，一時的なネットワークである．つまり，他の在日中国人は彼らの帰国後の生活にまったく関係しない人々である．積極的にやりとりしてネットワークの拡大と維持を行うことには結構多くの時間と金がかかるから，一時滞在者である技能実習生にとってこういったネットワークを築く必要がないのだといえる．

要するに，技能実習生としての自己認識は意思決定を行う能動的な側面としてのアイデンティティであり，他者との関係のなかで決定される受動的な側面としてのアイデンティティでもある．いったんこういった自己認識が形成されると，彼らの在日期間の社会関係の拡大が影響される．社会関係が一定の地域と特別な関係者や機関に限定されている重層的な構造の存在のため，技能実習生の意識上の孤立が加速されるのである．

4 帰国後の生活

技能実習生は帰国 1 カ月前にさまざまな手続きを取り始める．厚生年金の返済や給料の清算など行政上の手続き以外，彼らがとくに注意を払うのは帰国後の親族や友達に贈るモノの購入である．在日期間にも頻繁に国内にいる親戚や親友にモノを郵送しているものの，一回に一つ二つの程度である．帰国直前に親族と親友の頼みにより購入するモノは非常に多く，大量の贈り物を備えるにも結構時間がかかる．

　いったいどのようなモノを購入し持ち帰るかを解明するため，調査時点から後1 カ月半後に帰国する SJB に対して聞き取り調査を行った．当時，彼女はまだ何も購入してなかったが，自分の贈りたいモノと他人に頼まれたモノを表に書き出してくれた．身内に贈るモノのなかでは，やはり自分の両親に贈るモノが一番多い．それ以外では，贈り物の受け取り手は両親の兄弟姉妹と彼らの子どもたちに集中している．SJB によれば，来日の仲介費を賄うため，両親の兄弟姉妹から数万元の金を借りたのだが，父の兄弟のひとりから借りた 7 千元以外，すべての借金を返済した．その父方オジの息子は日本で Iphone6 を購入すれば中国より安いと聞いて，Iphone6 の購入を SJB に頼んだ．そこで父方オジも Iphone6 を買ってくれればそれ以外の借金は返済しなくてもいいと言ったのだという．借金をすべて返済し終わったといっても，彼らの恩情を忘れてはいけないので，時間と金をかけても贈り物を準備しなければいけないのだと彼女は言った．

　持ち帰るもののなかに親戚には贈るモノのみならず，友人に頼まれて持ち帰るモノもある．ただし，親戚のため持ち帰るお土産はすべて贈り物であり親戚から金を求めることはしない．これに対して，親友のため持ち帰るのは贈り物というより，母国の友達からの注文を受け，自分が日本で揃えてから買い帰るものである．つまり，代理購入者として機能している．たまに購入価格より多少高い価格で友達に売ることもある．

　帰国直前に技能実習生たちがお土産の購入と注文品の収集に重きを置く理由は明らかである．以前，金を貸してくれた親戚への恩返しも含まれるが，親族や友人の要求を積極的に満足させようとするのは帰国後の無職状態への対応策の一つといえる．帰国した技能実習生はどのような進路を選択するかについては以下で紹介する．

　具体的な進路に対して皆の考えはそれぞれであるが，だいたい三種類にまとめられる．つまり，貯金で起業すること，日本への再入国あるいは他国への出稼ぎ，そして前職への再就職である．起業を考えている技能実習生が直面する問題は起業時の資本金の調達とビジネスパートナーの募集である．業界によって起業時に必要な資本金も違うが，その資本金の一部は技能実習期間中に儲けた金である．母国の親戚や友人は帰国する技能実習生が多くの貯金を持ち帰ることを知っているから，彼らの側から積極的に起業の計画をアピールすることもよくある．起業

の種類からみれば，飲食業や小売業などが多数である．こういった業界に大量の資本金が必要ではなく，専門的知識も要らないので，彼らにとって経営しやすい商売である．

　筆者の聞き取り調査では，最近は日本への再入国を考えている人が増えつつある．しかし，技能実習制度の制限によりこれは一番難度が高く実現しにくい選択肢だといえる．日本の在留資格としては専門的・技術的労働者にしか就労可能のビザが発行されないので，技能実習生たちはこういった就労可能なビザには無縁といってよい．したがって，再入国を実現するためには，原則就労不可のビザを申請するしかない．原則就労不可ビザのなかには文化活動，短期滞在，留学，研修・技能実習と家族滞在という 5 種類が含まれている．原則的に研修・技能実習経験をもつ人の留学への申請は認められないものの，彼らを受け入れる言語学校もごく少数ながら存在する．現時点では，某地方都市にある X 言語学校は元技能実習生を留学生として再入国させることを認めている．この言語学校は規模，人気度と宣伝力において東京や大阪に位置している大手の言語学校に比べものにならないものの，元技能実習生を受け入れてくれるところとして入学者不足に悩んだことはないという．そこで勉強した経験のあるインフォーマントの HKA によれば，現時点での中国人留学生の半分ほどは技能実習生であった．再入国の意欲をもっている技能実習生にとって，HKA のような再入国者の情報が非常に重要である．

　筆者の聞き取り調査によれば，再入国に意欲を示す技能実習生にはいくつかの特徴がある．まず，日本語が堪能ということである．殆どの技能実習生は技能実習開始前，1 カ月から 3 カ月の日本語の訓練を受けたことがあったものの，活用できるにはまったく足りないのである．したがって，再入国しようと思っている人は技能実習期間中においても一生懸命勉強しなければいけない．また，受け入れ会社でよい人間関係を築いているということも重要である．ZXY らは社内で工場長や社長に可愛がられ，日本での生活に満足していることがわかる．さらに，再入国を実現させるためには言語学校についての紹介人が必要である．上述したように，その言語学校のような小規模の言語学校は宣伝力が不足しており，紹介人が言語学校と技能実習生の間で媒介として機能している．

　一般的に 3 年間にわたってハードな仕事をやり続けてきた技能実習生は帰国後

すぐに再就職するのではなく，1 カ月間から数カ月間まで家でリラックスしている．進路を考える場合，技能実習期間の仕事経験を生かせるかどうかについては技能実習の業種により異なる．自動車整備など相対的に専門性がある業種の関連経験は再就職に役立つが，一方，水産加工など純粋な肉体労働ならば仕事経験を活用するのは難しい．就職のみならず，再来日や起業を目指す場合にも制度上および金銭的に困難に直面することになる．

　そこで，技能実習期間終了後，進路に悩んでいる技能実習生が頼れるのは日本滞在中および帰国直前までに積極的に維持してきた社会関係資本である．筆者の聞き取り調査によれば，起業にも再入国にも再就職にも，それ以前の三年間に維持してきた人間関係が重要な役割を果たしている．技能実習生はこういった国境を越えたネットワークを利用し，制度上と金銭上の困難を乗り越えようとしている．

　母国にいる人々との人間関係の重要性のみならず，日本滞在期間に維持，拡大された在日中の人間関係も再入国への意欲の増大に影響している点は見逃してはならないことである．技能実習生はホスト社会の近隣住民や日本人の同僚，さらに他の在日中国人と接触する場合に，葛藤と摩擦が生じることがよくあるものの，うまく日本社会に溶け込み，日本人の同僚や上司と良好な関係を築く人もいる．こういった人は日本社会に好印象を持ち，進路を考える場合に再入国を第一選択肢にする可能性が高い．

　以上の分析にもとづき，帰国進路において技能実習生と従来の移民との相違点と共通点を整理してみよう．共通点としては，母国社会での社会関係資本が重要ということである．国内での機会が少ない故の移住であるものの，技能実習期間終了後，帰国して再就職あるいは起業するには，結局のところ母国社会での社会関係資本が不可欠である．相違点としては，日本語習得，技能実習期間の仕事経験，日本に関する知識など移住先への適応に投下した努力を次の人生段階のための資本にすることが難しいという制度的制約が存在する．その制約下での可能性としてはまず，日本で稼いだ経済資本のみでその後の人生を切り開くということである．前例で示したように，技能実習期間で稼いだ金を利用し起業する人がいる．次に，日本での経験を中国でのキャリアアップに生かす．ただし，これは移住前の職業と技能実習生としての職種との関係性が大きい場合だけである．前述した

ように，殆どの技能実習生は純粋な肉体労働あるいは組立ライン作業に従事しているので，帰国後母国でのキャリアアップに生かせる可能性は低いといってよい．最後は制度的制約があるとしても，それでも何とかして日本での経験を資本化するという選択である．ひとつの好例は留学での再来日である．少数者のみが知る「抜け道」として前述した X 日本語学校の情報を活用し，日本に戻ることも可能である．

5　行動主体としての技能実習生

　中国人技能実習生と非技能実習制度関連の在日中国人出稼ぎ労働者における移住のきっかけについては，滞在期間，社会関係資本の重心と未来の人生設計までさまざまな相違点が存在する．中国人技能実習生の移住生活において，「技能実習制度」は終始一貫し，そのキーワードとなっているといっても過言ではない．技能実習制度の存在のため，中国人技能実習生の滞在期間と仕事場の変更は制限されている．また，技能実習制度は技能実習生の個人的社会関係資本の維持と拡大にも影響を与える．

　第 2 節で述べたように，技能実習生の渡航は完全に親戚・親友ネットワークか技能実習制度か，そのいずれかの要素に頼るわけではなく，技能実習制度が移住の機会を提供し，その後, 親戚・親友の情報網およびロールモデルが後押しを加え，来日が実現するということがわかる．さらに，日本滞在期間には，技能実習生と技能実習制度関連の人々との接触頻度が高い．したがって，社会関係資本の維持と拡大を考慮する場合に，同郷人のみならず，技能実習制度関連の人々との付き合いも非常に重要である．そのほか，第 4 節で説明したように，技能実習期間の仕事経験が帰国後活用できるかどうか彼ら自分自身もわからないから，その帰国後の不安定さに対応するため，国境を越える社会関係の維持も必要である．ここで指摘しなければならないのは，在日中国人の重層的構造である．

　第 3 節で述べたように，世論から影響を受けた在日中国人は技能実習生に偏見をもっている．技能実習生の自己認識の形成が直接に世論の影響を受けているわけではないけれども，他の在日中国人と接触する際に，自分が特別に扱われていることがわかっており，受動的に技能実習生としての自己意識が形成される．こ

ういった技能実習生としてのアイデンティティは否定的な自己認識だといえる．こうして，他の在日中国人と接触しているうちに，他人と比べて自分はレベルが低い存在であるという認識が形成されてしまう．一方，生活の各方面において技能実習制度と緊密にかかわる技能実習生は「在日中国人」より「技能実習生」あるいは「研修生」という主観的な自己認識を形成することになるので，技能実習生と他の在日中国人の間のギャップはさらに広がることになる．

　上述したように，技能実習生と他の在日中国人はさまざまな面において異なるものの，従来の移住パターンに比べると，技能実習制度による移住パターンは完全に新しいものでもない．中国人技能実習生の移住生活において，「技能実習制度」は終始一貫して影響するけれども，親族・親友ネットワークも移住過程において機能している．移住の契機に関しては，非技能実習制度関連の在日中国人出稼ぎ労働者は日本にいる親友や親戚からの呼び寄せおよび同郷人の情報網に頼ることが多い．

　第 3 節で指摘したように，情報伝達機能の補完，情報の信頼性の保証，ロールモデルの提供，来日費用の調達などの点に関しては親戚・親友ネットワークが依然として重要な機能を果たしている．また，技能実習制度関連の人間関係は技能実習生の社会関係資本のなかで最も重要な一部であるものの，仕事場内の人間関係と休日の暮らしを考察してみると，同郷人である技能実習生とのやりとりや国境を越える人間関係の維持も依然として重要視されている．要するに，技能実習制度による技能実習生の移住は新しい移住パターンにみえるが，実は，完全に従来の移住パターンと異なるものではない．技能実習制度はマクロレベルの移住プロセスの枠組みを提供するが，技能実習生の移住の実現はミクロレベルの社会関係資本に依存することがわかる．

　また，技能実習生がいかに個人的な社会的ネットワークを利用し，この制度に対応するのかについても明らかとなった．第 2 節で述べたように，来日前の高額な仲介費を技能実習生は親戚か親友からの借金で賄う．送り出し機関の情報発信機能不足に対して，技能実習生は親戚・友人ネットワークを通して，送り出し機関と連絡を取り始める．技能実習生が技能実習期間終了後，中国に帰ってから日本に再入国することの難しさは第 4 節で述べたとおりである．にもかかわらず，再入国を希望する元技能実習生はコネを利用し，この制度上の制限を乗り越える

ことも可能である．さらに第3節では，仕事場での困難に対する技能実習生たち
の対応策を検討した．これらから明らかになるように，技能実習制度に組み込ま
れている技能実習生は，さまざまな障碍に対して受動的にこの制度とその規範に
左右されるだけの存在ではなく，彼らは社会関係資本を能動的に利用することに
よって，この制度の欠陥や職場での困難に主動的に対応しているのである．

付記
本章は，2017年2月に東北大学大学院環境科学研究科に提出した修士論文の一部に手を加えた
ものである．

文献一覧
阿部亮吾
　　2011『エスニシティの地理学——移民エスニック空間を問う』，東京：古今書院．
外国人研修生問題ネットワーク編
　　2006『外国人研修生——時給300円の労働者——』，東京：明石書店．
上林千恵子
　　2015『外国人労働者受け入れと日本社会——技能実習制度の展開とジレンマ』，東京：東京大
　　　学出版会．
小林真生
　　2009「地域社会を通じて見た外国人技能実習制度——北海道稚内市の事例を中心に—」，吉原
　　　和男編『現代における人の国際移動』，東京：慶應義塾大学出版社．
杜国慶
　　2004「在日福建省福清人の移住，生活，エスニシティ：国境を越える移住者の社会適応とネッ
　　　トワークの構築」，『慶應義塾大学日吉紀要．言語・文化・コミュニケーション』32: 61-71頁．
西原和久
　　2010「超境する人々——東ヶ岳東南麓の外国人農業研修生」『コロキウム　現代社会学理論・
　　　新地平』6，東京：新泉社：90-110頁．
八尾祥平
　　2014「分断される琉球華僑社会——第二次大戦から沖縄返還にかけての時期を中心に」，『変
　　　容する華南と華人ネットワークの現在』，東京：風響社：321-350頁．
山下清海・小木裕文・松村公明・張貴民・杜国慶
　　2010「福建省福清出身の在日新華僑とその僑郷」，『地理空間』3-1: 1-23頁．
山下清海・小木裕文・張貴民・杜国慶
　　2013「ハルビン市方正県の在日新華僑の僑郷としての発展」，『地理空間』6-2: 95-120頁．

第8章　越境者をめぐる個人誌・家族誌記述について

華僑文学を題材に

瀬川 昌久
Segawa, Masahisa

1　フィクションと民族誌の間

　かつて同じ職場で他の社会科学分野を専攻している先輩教員から，筆者の専門である文化人類学の学術論文のスタイルについて，次のように論評されたことがあった．「文化人類学の論文というのは，まるで感想文みたいだね．こまごまとした事実の記述はたくさん並べられているけれども，結論として述べられることはそれらの記述からの一般化や抽象化の産物というよりも，そうした具体的事実の見聞を通じてひらめいた感想を述べているに過ぎないように思う.」

　このような批評に，当時の筆者は強い反発を覚えたものだが，それは取りも直さず，その当時の筆者が自分の研究は他の同僚たちの分野と違わぬ社会科学の一部であると信じて疑わなかったせいでもある．すなわち，当時の筆者は，自分が学術的生産物として書くものから恣意性を徹底して排除すべきであり，事実以外のもの，事実以上のものを付加することは許され得ないことだと固く信じていたのである．また，その意味で当時の筆者にとっては，学術的な論文や研究書のなかに記述される民族誌は決してフィクションであってはならなかった．常に，そして徹頭徹尾，それとは対極にあるものでなければならないと思われた．いかなる些細な出来事や情景の記述，とるに足らない人々の言葉の記録であったとしても，それは地球上のどこそこに実在する村や町の一郭の，実在する場所や人物についてのものでなければならない．その譲れない一線を超えてしまえば，記述はそのとたんにまったくの無価値・無意味に陥ってしまうのだと筆者は考えていたのだ．

　もっとも，その「一線」を担保しているものは常に危うく，フィクションなしの事実百％であることを他者に対して証明してみせることには，多くの根元的な困難がつきまとっていることも気づいてはいた．自分では捏造のない事実百％だと主張しつつも，プライヴァシーの保全，個人情報の保護，等々の名で呼ばれる倫理的な規制によって，調査対象の匿名性は保つ必要がある．個人的で個別的な事象についてのデータを，それが捏造でも創作でもなく，「事実」であると証明してみせることは実に容易でないのだ．

　だが，最も本質的に重要な点はそのこと自体にあるのではなく，そこからさらに先に進んだところにある．仮にところどころ黒塗りにしたフィールドノートやピーピー音をかぶせた録音テープが証拠品として開示できたとしても，果たして我々の無実は証明されるであろうか？　我々が論考のための材料として記述する民族誌データは，一から十まで隈無くそのような一次調査記録に依拠して書かれているであろうか？村の人口や家族の数，インフォーマントが語った嫁の実家の村の名前などは，確かにフィールドノートからトレースされているかもしれない．しかし，民族誌を民族誌として実際に記述する過程で，そこに少なからず記憶や印象に依拠したことがらが入り込んでくることは避けがたい．現地において調査中に筆記したり録音・録画できる一次記録は量的に限界があるし，それを物的証拠以外の記憶や印象で補うことなしには，生き生きとした記述として成立させることなど到底不可能なのである．

　さらにいえば，調査中に書き留めたり録音したりするそうした一次記録は，我々が現地で体得したりひらめいたりしたリアリティーを後になって思い出すためのきっかけとして存在しているに過ぎない，とさえ言えるかもしれない．その点で，文化人類学のフィールドワークにおける一次記録データは，後日他の検証者がそれをもとに論証過程を一から再構成してみることを可能とするような，自然科学系の研究者の実験ノートとは根本的に性格の異なった記録であると言わねばならないだろう．我々の論考の基礎は，自然科学者たちのそれのようには，調査者・観察者自身から切り離された「事実」のみによって構成されているわけではないのだ．

　そのように，文化人類学者が扱う「事実」とは，測定機器や検知機のようにそれを操作する者が誰であるかに左右されない一般化されたプロセスによって取り出されたものではなく，調査者の予備知識や感性を媒介として把捉されたリアリ

ティー, 言い換えれば調査者の個性が生み出した固有のリアリティーなのである. だとすれば, 「事実」の記述の仕方も, 文化人類学の扱うそうした「事実」の特性に応じて, もっと独自のものが存在してもよいのかもしれない. 少なくとも, 万人が共有できる規格化された形のデータのみを許容するやり方は, 必ずしも我々にとって唯一当を得た方法とはいえないかもしれない.

　そこにおいて思い至るのが, 本当に我々の事例記述は, フィクションであってはいけないのだろうか, という素朴な問いである. 実際, 文化人類学の初期段階においては, 文学的フィクションと学術的な民族誌との間の距離は, 今日我々が考えているほどには大きなものでなかったように思われる. その顕著な例は, 福建省の宗族とそのなかで生きる人々を描いた林耀華の *The Golden Wing* であろう. 林耀華 (1910 ～ 2000 年) は, 中国人としての第 1 世代の代表的文化人類学者・社会学者として, 費孝通とともに広く知られた存在だ. 林は燕京大学で社会人類学を学び, 1935 年にラドクリフ＝ブラウンが同大学の客員となった際に農村調査にも同行している. 林は自身の生まれ故郷である福建省の宗族組織や父系出自を中心とした人間関係に深い興味をもち, 燕京大学に提出した修士論文もそれをテーマとしたものであった. そしてその後のハーバード大学留学を経て, 1947 年には英文で書かれたこの小説スタイルの著作 *The Golden Wing* を出版している.

　同著は, 副題に “a Sociological Study of Chinese Familism” とあることから, 一見研究書のようにも見えるが, 内容は主人公・黄東林を中心とした父系親族や姻戚との人間関係の織りなすさまざまなドラマである. モデルは林耀華自身の実家であるとされているが, 登場人物や舞台となる村などは架空のものだ. 小説スタイルとしたことは, 林自身の実家の家族生活や人間関係をそのまま描出することを著者がためらったことも一因として考えられようが, 仮に小説としてではなく, 中国農村研究のモノグラフとして出版することになっていたとしても, 人名・地名等は仮のものが付されたであろうから, この場合「小説」と「民族誌」の間の隔壁はきわめて薄い, 形式的なものに思える.

　家族構成の詳細や, 一家が町で行う商売の業種などの細部について, 林の実家の「実際」との間になにがしかの変更が加えられているならば, それは理論上はフィクションであり, 作品は小説ということになる. しかし, 細部においてもとのモデルからの変更や脚色が施されているにしても, 同著は当時の福建の宗族村

落に暮らす人々の様子を生き生きと活写したものとなっている点では，他にこれを凌ぐ資料がないとさえ言える存在となっている．たとえば西澤治彦は同著の紹介文のなかで，「小説とはいえ，家庭生活のこまごまとしたことが描写されており，資料的な価値もある」（末成道男編 1995：122 頁）と評している．

　少なくとも，文学的フィクションであるからといってそれが即座に学術的に無価値になるわけではなく，調査・研究対象の「事実」を描写するための方法から，それをやみくもに排除してしまう理由などないのである．そのことがとりわけ顕著に感じられるのは，何といっても個人や家族レベルの体験，信念，情動などに関する記述についてである．そうした個人誌・家族誌と呼び得る範疇の記述には，個人のプライヴァシーや利害関係がかかわるが故に匿名性保持などの慎重な扱いが要求されるばかりではなく，それを代弁して語ること自体の正当性の問題が付きまとう．実在の個人や家族の経験を第三者が記述する場合，如何に対象の立場に立った視点を標榜しようとも，そこに不可避的に入り込んでくる記述者の解釈や「印象」と，当事者自身の理解や感慨の内容との間にズレが生じることは，決して無化できない潜在的可能性として残り続けるからだ．にもかかわらずそれを当事者についての唯一のリアリティーとして公表することは，倫理的な過ちという以前に論理的誤謬と呼ぶべきものである．民族誌が描く真実とは常に，「本質的に部分的真実」（クリフォード，J. 他編 1996：12 頁）にとどまる．

　そのように，観察者による記述が所詮は観察者によって構築されたリアリティーであることが避けられないのであるとすれば，それを無理やり実在の個人や家族と結びつけて語るよりも，むしろ架空の人物，架空の家族構成と結びつけ，記述者の描くフィクションとして公表する方が，論理的にはより真っ当なやり方ということになるだろう．またその方が，プライヴァシーや正当性という倫理的問題の回避にもつながる．

　本書の主題は「越境者」であり，自らの出身地や親の世代の居住地域から個人または家族といった小単位で切り離され，国家や地域の境界を越えた場所で生きることを選択した／余儀なくされた人々がこの本の主人公である．そうした人々を対象として据える以上，研究者がその研究対象について描くべき事例データは，古典的な時代の文化人類学者たちが描いてきた「民族誌」とは明らかに異なった性格のものとなる．もともと民族誌は，民族またはエスニック・グループをその

描述の対象単位として措定したものであり，決して一個人や一家族の生活様式ではなく，一定程度の規模をもつ集団の社会・文化的行動様式や諸観念についてその代表的事例を記述したものという性格を有していた．

　確かに，その後の人類学の歴史のなかでは，J・クリフォードらの『文化を書く』に代表されるように，「民族誌」記述の多様な可能性についての議論も数多く試みられてきたし，そのなかで個別具体事象からの安易な一般化を拒否する「新たな民族誌」の形も提唱されてきた．しかしながら，今日までのところ，大方の人類学者が記述する「民族誌」は，例えそれがインフォーマントとの対話やインフォーマント同士の対話のもつ多声性への配慮を標榜するものであったとしても，結局のところ学術的業績とみなされる中心部分では，分析者としての知識を補間することを通じて新たな解釈を導こうとする体裁のものがほとんどである．これは，研究者の意図が何らかの集合的な現象や集団の属性の解明に置かれ続ける限り逃れ得ぬ宿命ともいえる．

　しかし，そこであらためて振り返らなければならないのは，越境者という存在を学術的記述の対象とすることのもつ意味である．前述の通り彼らは，何らかの事情によってその出身母体となる社会的・文化的な塊から切り離され，異質な制度，慣習，物質文化などのなかで個人または家族といった小さな単位で生存への模索を行うことを余儀なくされている人々なのだとすれば，彼らがその出身母体の「文化」，たとえば「中国文化」を，丸ごと一セットもって移動するというのは幻想に過ぎない．彼らの抱えているトランクのなかには，多くの場合その一部が雑然と詰め込まれているだけなのだ．したがって，彼らが個人としてまたは個々の家族として経験する諸事実は，基本的に新たな状況が生み出す偶然的な出来事の連鎖によって彩られており，その意味で本質的に個別のものである．

　そうした人々を対象としつつ，なおも一定の社会集団レベルの一般化にかかわる探究を行おうとすること自体がミスマッチともいえる．「民族誌」の記述作法をたとえ如何に多様化し，あるいは「新しく」しようとも，彼ら越境者についての記述は本質的に「民族誌」ではあり得ず，「家族誌」または「個人誌」といった性格のものとなる．個々の個別的すぎる経験や個人的すぎる感慨を削除して，海外移民の一般的趨勢や平均値的経験を描出することも可能ではあるが，それだけならば統計表で十分である．「家族誌」または「個人誌」としての記述のなか

に求められるのは，そのような色褪せた遠景写真ではない．

　個々の越境者がおかれた個別的でユニークな状況に向き合うために必要なの
は，一個人や一家族の経験した個別的出来事や，彼らが抱いた個人的な感慨その
ものを解像度を落とすことなく記述した鮮明なポートレイトである．そしてその
場合，上で考察したように，フィクションを含む小説形式の記述というものも，
その記述形式としては有力なオプションのひとつとなる．以下では，20世紀に
おけるいわゆる「華僑・華人」の人々の体験を題材とした小説を具体的な例とし
て取り上げ，それを越境者の個人誌，家族誌として読むことの可能性ならびにそ
の限界について考察して行きたい．

2　華僑小説における越境者の個人誌・家族誌的記述

ボータン著，冨田竹二郎訳『タイからの手紙』

　これは題名が示すように，タイが舞台の，タイ華僑の一家をモチーフとする小
説である．ただし，著者のボータンはタイ華僑の出自に連なる者であるとはいえ，
タイ名をもち，タイ語で教育を受け，もっぱらタイ語で作品を出版し続けている
作家であるので，典型的な意味の「華僑文学」の範疇には入らないのかもしれな
い．にもかかわらず，この作品を真っ先に取り上げるのは，それが筆者にとって
は大学院生時代に夢中になって読んだ小説のひとつであり，筆者の華僑・華人に
ついての最初のイメージは，この本によって形作られたと言っても過言ではない
からである．

　物語の主人公は，陳璇有（タン・スワンウー）[注1]という広東省東部・普寧県出身
の青年であり，小説全体は彼が渡航先のタイから母親に宛てた100通の手紙に
よって構成されている．第1信は1945年8月にバンコックに渡航する船上から
始まる．以降，1967年6月の最後の手紙に至るまで，陳璇有は毎回「非常に愛
する母上に跪拝致します」の一文で始まるそれらの手紙のなかで，タイへの定着
の過程，自らの恋愛や結婚，子どもの誕生や成長，事業として営む商売の浮沈，
タイ人の習慣や価値観への感想などを事細かに綴っている．

　来タイ前の陳璇有は普寧県の農村で日々田を耕して生活を送っていたが，海外
で一旗揚げることを夢見，同郷の友人である鄭盛（テー・セン）がタイで商売を

している伯父を頼りにタイへ渡航する機会に，親友の黄金（ウン・キム）ととも
に家出同然で同行したのだった．鄭とは渡航の船上で喧嘩別れしてしまうが，船
に偶然乗り合わせた貿易商の羅永泉（ロー・インチョワ）に見込まれ，羅永泉の
親戚でバンコックで商売を営む羅源通（ロー・グワントン）の店に住み込みで働
くこととなる．

　その後の展開は，陳璇有がその才覚で羅源通の信用を得て行く過程と，源通の
娘・羅美鶯（ロー・ムイエン）との恋愛成就の過程が並行して進み，男子のいな
い羅源通の娘婿となった彼は，やがてその商店の経営を任されるようになる．妻
の羅美鶯との間には，一男三女の子宝にも恵まれる．こうして，小説の前半部分
では，主人公の陳璇有のいささか順風満帆過ぎる感のあるタイでのサクセス・ス
トーリーが進行して行く．

　話の端々では，主人公がタイの習慣やタイ人の価値観に対して抱く感想が述べ
られており，たとえばタイ人の男性が家格のプライドにこだわって人前であくせ
く働こうとしないこと（上巻：98 頁）や，額に汗して働くよりは乞食をして金を
もらうことを好み，ときには不虞の子どもをダシにしてまで金を得ようとするこ
と（上巻：213-219 頁）などを辛辣に描くとともに，それに対する自分たち華僑の
勤勉さや倫理観を強調している．他方では，陳璇有は子沢山であることを何より
も望ましいことだと考え（上巻：114 頁），また生まれてくる子どもの性別につい
ては頑なに男児を望み（上巻：92 頁），女児が生まれるとあからさまに落胆するなど，
著しい男系偏重，男尊女卑の観念をもっている．彼は「五男二女」を理想として
いたが，結局は一男三女をもうけるに止まったことを露骨に残念がってもいる（上
巻：195-199 頁）．このように，陳璇有がその母への書簡のなかに吐露するときど
きの感慨には，自分の才覚と努力によって異境で生計を立てて行こうとする逞し
さ，勤勉を尊び怠惰を恥とする労働観，自分の築いた財産や社会関係資本を後世
まで引き継ぐのは男系の子孫だとする強固な信念などがみてとれる．

　こうした陳璇有の価値観は，20 世紀の前半に生まれた華僑の人々，とりわけ自
身が来タイ者である第一世代の華僑たちに典型的なものであったと想像される．
少なくとも著者のボータンは，小説のなかでそのように描いている．この価値観は，
陳璇有がその養父の羅永泉や岳父の羅源通らと共有している価値観でもあるから
だ．しかし，タイ国滞在が長期となり，物語も進展して行くにしたがって，陳璇

有はこうした彼の価値観を揺るがす出来事に数多く遭遇するようになる．それは他でもない，彼が人生の最大の価値として愛情を注いでいる息子の陳永欽（タン・イヨンキム）の振る舞いや，三人の娘たちの行動によってもたらされるのである．

ひとつは子どもたちのタイでの教育の問題であり，陳璇有は彼の子どもたちが中国語の読み書きを身につけることには熱心だが，タイの公立学校でタイ語を学ぶことを嫌う．また，息子の永欽を含め，子どもに高等教育は不要であると考えており，一定の年齢に達したら私設の中国語学校だけに通わせ，自分の商売の見習いをさせることを望んでいる．結局，息子の永欽も長女の瑞錦（スイキム），次女の茉莉（パックリー）も小学校を4，5年でやめさせられてしまうが，末娘の明珠（メンチュー）のみが，上級の学校へ進学することを許され，後に彼女は大学にまで進む．

子どもたちの教育については自分の方針をほぼ貫き通した陳璇有だったが，子どもたちが家庭内に持ち込んでくる新しい変化に対しては，彼もしだいに守勢に回らざるを得なくなり，ついには降伏に追い込まれるのだ．それはまず，娘たちの髪型や服装に始まり（下巻：105-106頁），ついにはタイ風の名前に改姓・改名することを許すまでに至る（下巻：109頁）．こうした家庭外からやってくる変化は，一部は電髪（パーマ）や電視（テレビ）のような近代的文物の流入という形で押し寄せてくるものであり，また一部はタイ風の食べ物，タイ語の単語，そしてタイ風の姓名の受容などのようにタイ文化への同化として生じるものだ．それらはいずれも陳璇有にとっては違和感極まりないものであり，最初は拒絶するものの，やがては妻や子どもたちの意見に押されて受け入れざるを得なくなって行くのである．

陳璇有一家のなかで，こうした近代的な文物や新しいものの考え方の導入への先鞭をつける存在として，妻の妹である羅紅梅（ロー・アンプワイ）も重要な役どころとして登場する．彼女は姉が陳璇有と結婚してから後，早く結婚せよとの周囲からの圧力に抗しつつ，父の家業を手伝うなどしながら独身を貫いており，またいち早くテレビを購入したり，車を乗りまわしたり，さらには女性も高等教育を受け職業をもって自立すべきだと主張するなど，陳璇有の古い考え方とは対極の考えをもっている．

しかし，陳璇有にその価値観や信念の変更を迫る出来事の最たるものは，息

子・娘たちの伴侶の選択であった．彼は，自分の子女の結婚相手は中国系人でなければならないと固く信じている．息子の永欽については，永欽がまだ子どものうちに，来タイ時からの同郷の親友・黄金との間で，黄の娘とゆくゆく一緒にさせようという話ができ上がっている（下巻：59 頁）．しかし永欽は，親たちの決めた黄の娘を嫌い，キャバレーのダンサーのタイ人女性に入れ上げ，家出してしまう．種々の曲折を経て（下巻：139-167 頁），永欽は最終的には家に戻り黄の娘と結婚することになるが，陳璇有は彼のタイ生まれの子どもたちが，彼とは多くの点において価値観を共有しておらず，言いなりにはならないということを思い知らされる．次女の茉莉は，中国系だが中国語を話さない男性の子どもを身ごもり，陳璇有は不承不承彼らの結婚を認めざるを得なくなる（下巻：177-179 頁）．さらに明珠の方は，進学先の大学で生粋のタイ人であるウインユーという男性と知り合い，やはり陳璇有の猛反対を押し切って結婚してしまう（下巻：199-208 頁）．

　こうして子どもたちが結婚して親元を離れてしまい，また妻の美鶯が交通事故死するという悲劇も重なって，陳璇有は孤独と失意の感情に苛まれる．子どもたちの家を転々として暮らすようになるが，安住の感覚は得られない．若くして単身タイに渡り，運と才覚と努力でそれなりの成功は収めたものの，裕福も多子もそれ自体決して人生の目的ではあり得ないと感じるようになる．やがて，嫌っていた末娘のタイ人婿・ウインユーの「温情」にも心を開きはじめ，また末娘の仲立ちもあって，それまで近代的で進取の気性に富み，独身を貫き通してきた妻の妹の紅梅に自分の再婚相手になってくれないかと申し込むことを決意するところで物語は終わっている．

　小説として書かれたこの物語を，一人のタイ華僑のライフストーリーとして読むことはどこまで可能であろうか？　それはあくまで著者の創作物であって，現実の理解のための材料とすることなど馬鹿げていると一蹴することもできよう．だが，前述のように学生時代に本著を読んだ筆者は，深い感銘を受けるとともに，そこから華僑の人々についてのリアルなイメージを作り上げたのであった．それはある意味で，研究者が華僑・華人の実態を示すべく掲げる統計表や，実名を伏せて行う表面的な事例記述よりは，はるかに具体的で細密で，そして登場人物たちの感慨や思念の中身を具えたものであると感じられた．それがどこまで実在のモデルにもとづいた記述であるかの点はさておき，少なくとも人に何かを訴えかけ，何かを伝える

という点において大きな力を帯びた著作であったことは疑いない.

　もちろん，話がおもしろければよい，事実っぽく見えればそれでよい，というわけには行かないであろう．それをＳＦや空想小説の類としてではなく，実在の事象とつながったものとして読むためには，歴史家が史料を読むときに行う史料批判に似た性格の作業が不可避だ．同著の日本語訳版に付された著者紹介によれば，著者のボータンは1945年にバンコック郊外でキンマ農園を経営する華僑の父と中国系タイ人の母との間に生まれている．華僑の家系に生まれながら，彼女自身はタイ語で教育を受け，チュラロンコーン大学文学部に学び，1970年代初めには本作をはじめとするタイ語の文学作品によってベストセラー作家となった人物である.

　著者・ボータンの父は，第二次世界大戦前に広東省普寧県から来タイした華僑であり，母親は在タイ華僑の娘であったというから，その姿は陳璇有・羅美鴬夫妻に重ね合わさるところが大きい．ボータン自身は6人兄弟の末っ子であり，小説中の登場人物では陳璇有の末娘で大学に進学しタイ人と結婚した明珠が彼女自身と重なるところの大きい存在である．小説に描かれた主人公・陳璇有やその妻の発する言葉，ものの考え方，行動パターンなどは，著者がその父母の姿をモデルとして描き，他の多くの老世代華僑の実在人物たちのそれとシャッフルすることによって肉付けしていったものかと推測される.

　その意味では，陳璇有たちは架空の創作された存在ではありながら，まったく虚空からひねり出された空想の産物というわけではなく，著者が幼少期よりその家庭内観察者として具に目にしてきた実在の人々の姿を活写したものと考えることができる．とりわけ，教育や結婚をめぐる陳璇有とその子どもたちとの価値観の齟齬のくだりは，想像だけで組み立てられたストーリーでは決して伝えることのできない迫力を含んでいる．その人生の苦悩や挫折を至近距離から目撃してきた者のみが描き得るリアリティーが，そこには感じられる.

　ただし，それは実話の記録そのものではなく，架空の主人公に仮託したものであるからこそ，ここまで詳細に，饒舌に，そしてより明示的な形で描くことが可能となっているのだとも言える．そうした意味では，林耀華の *The Golden Wing* におけるのと同様，著者のもつ当事者性が作品の迫真性を担保しているのと同時に，描述の形式として小説というフィクションの形をとることを不可避にしているのだと考えられよう.

　他方，この物語をタイにおける老華僑世代の実像として読もうとする場合に気をつけなければならない点もまた存在する．それは著者・ボータンの知識の限界ならびにこの小説を書くに至った意図そのものがもたらす限界である．日本語訳書の解説中に引用されたボータン自身の言にあるとおり，彼女は父母の話していた潮州語を何とか聞き取ったり話したりすることができるものの，漢語の概念についてや中国本土の地名などについては深い知識を欠いており，登場人物の中国語名も，むりやり中国系の知人たちからかき集めた「間違いだらけ」（上巻：269頁）のものだという．

　また，この小説そのものはタイ語によってタイ人の読者に向けて書かれており，その主要な意図は華僑の立場からタイ社会やタイ文化について歯に衣着せずに語らせることにより，その負の部分を自己批判的に明らかにすることに置かれている．すなわち，老華僑世代の生き様を描くこと自体に目的があるというよりは，彼らを鏡としてタイ社会やタイ人の姿を客体化することに中心が置かれている．したがって，タイの文化・社会を違和感をもって眺め，中国人としての価値観に固執しようとする陳璇有の姿は，いくぶんステレオタイプ化され誇張された華僑の姿となっている可能性はあろう．

　それでも，そうした著者の意図にもかかわらず，陳璇有の言動やその感慨の描写は観念的で紋切り型の老華僑像と呼ぶべきレベルに甘んじておらず，迫真のリアリティーを感じさせるものとなっている．それを可能にしているのは，前述のような著者自身の当事者性や内部観察者としての立ち位置であると考えられる．そして，そのことがこの作品をして単にタイ人の自虐的興味に訴えかけるだけの風刺作品に止まることなく，読む者に感動を与え，文学作品としても成功したものとなることに一役買っているのだといえよう．

ユエンフォン・ウーン著，池田年穂訳
『生寡婦――広東からカナダへ，家族の絆を求めて』

　次に取り上げるのは，ある意味で前掲の『タイからの手紙』とは対極的な性格をもつ小説である．この作品は，広東省台山県の農村出身の一女性・黄秀萍（ウォン・サウペン）をヒロインとし，その未婚時代，嫁ぎ先の移民母村での生活，日中戦争期から文革期にかけての苦難（以上第1部），香港への出国と難民生活（第

2 部），そして夫のいるバンクーバーへの渡航とそこでの華僑としての生活（第 3
部）を描いている．

　こちらは女性を主人公としていること，扱われている時代も 1929 年から 1987
年の半世紀以上にわたり，舞台も台山県，香港，バンクーバーの 3 地点に及んで
いることなどにおいても前掲書とは異なっているが，何よりもこの本の著者・ユ
エンフォン・ウーン（温婉芳）はカナダのビクトリア大学太平洋・アジア研究学
部の教授を務めてきた社会人類学者であり，前掲書のようにプロの作家により純
文学として書かれたものではない．原語は英語で，原題には "historical fiction"
という注記が添えられていることにも示されているように，著者がその研究の
一環として収集したカナダ在住華僑のライフストーリーをフィクションとして
まとめ直したものという性格をもっている．その意味では，林耀華の *The Golden
Wing* と類似した性格の，研究者の手によって書かれた「小説」といえよう．

　広東省台山県を含む珠江デルタ西方の四邑地方は，同著の解説のなかで監修者
の吉原和男が述べているとおり，広東省内でも代表的な移民母村地域のひとつで
あった．その台山県のとある農村に生まれ，農作業と家事手伝いに明け暮れて娘
時代を過ごした黄秀萍は，18 歳のときに近隣の華僑移民母村の男性・梁益民（リ
オン・イクマン）に嫁いだ．この西廓（サイフォク）[注3]村という村は，華僑たちの
送金によって建てられた洋風の豪邸（「洋楼」）の林立する村であった．

　夫の梁益民はその父親や叔父とともにバンクーバーの中華料理店で働いているカ
ナダ華僑だが，彼は婚礼のために一時帰国したものの，3 カ月ほどでカナダへ帰っ
てしまい，秀萍は夫の実家で姑や夫の弟とともに生活することになる．当時のカナ
ダの移民法上の規制もあって，家族の自由な呼び寄せは許されておらず，男たちの
みがカナダで出稼ぎ労働を行って，稼いだ金を故郷に送金することが常態となって
いた．男たちの帰郷はよくて数年に 1 度で，妻はその間ずっと婚家で寡婦のような
生活をすることになるので，こうした女性たちは「生寡婦（サンクアフウ）[注4]」と呼
ばれていた．華僑母村の他の女性たちと同様，まさにそうした「生寡婦」として生
きてゆくことになることを悟った秀萍は，自らの境遇をひたすら嘆く（83 頁）．

　秀萍は夫が実家に滞在している新婚期間中に首尾よく妊娠するが，ここでも夫
や姑をはじめとする周囲の期待は男児の誕生にあり，生まれたのが女児（長女・
飛燕（フェイイン））だったことから，秀萍は肩身の狭い思いをすることになる．

バンクーバーの夫からはほんのときたまにしか手紙は来ず，定期的に送金がある
ことでかろうじて夫の無事を確認する状況が続く（89-90 頁）．夫からの送金で
村のなかに洋楼を建てて移り住むことになっても，秀萍の心は晴れない．

　その後 3 年ほど経っても，夫の梁益民は帰郷することはなく，当然秀萍の次の
妊娠もない．やがて，バンクーバーにいる夫の父親の指示で，家に男の跡取りを
確保する目的から，市場で売りに出されていた男児を買って養子にすることにな
る．夫の益民が帰郷して子作りするより経済的との理由からだった．秀萍は，梁
建邦（リオン・キンポン）と名づけられたこの養子の境遇に同情を感じつつも，
実子である飛燕より建邦を溺愛する姑を恨めしく思い，自分の身の上を嘆くの
だった（121-123 頁）．

　こうして「生寡婦」としての秀萍の過酷な生活が続いてゆく．それに追い打ち
をかけるように日中戦争が始まり，一家は広東省西部の陽江県での極貧の難民生
活を送った後，戦争の終結とともに西廓村へ戻る．その後，生活が安定したのも
束の間，1950 年代に入ると共産党政府の主導による土地改革，階級闘争が村のな
かにまで押し寄せてくる．自作用の耕地しかもたない秀萍たちの一家は最初は貧
農に分類され批判の対象にならなかったが，やがて華僑の家族眷属はみな地主階
級の一種と見なされるようになる（223 頁）．彼らの洋楼は没収され，挙げ句の果
てには義弟の益武が労働キャンプに送られてしまう．秀萍は一家の活路を見いだ
すために意を決し，香港に暮らす姉夫婦を頼り，建邦，飛燕を連れて海路台山を
脱出して香港へ密入国する（244 頁）．このように，第 1 部では夫不在の移民母村
のなかで，歴史の荒波に揉まれて孤軍奮闘する一女性の姿が活写されている．

　続く香港での難民生活が第 2 部である．時期的には 1952 年から 1955 年の 3 年
間と短く，分量的にも 3 部のなかで最も短い第 2 部における秀萍の香港生活も，
平坦なものではなかった．頼った実姉・秀霞（サウハ）夫婦はさほど裕福ではな
く，秀萍たちは路上で野菜を売ったり，香港フラワーの工場で働いたりして生計
をつないでゆく（286-291 頁）．やがてバンクーバーの夫との連絡が付き，秀萍
らのカナダへの呼び寄せが実現することになるが，夫がカナダで娘の飛燕の出生
証明書を売却してしまったことが判明し，秀萍と養子の建邦のみがバンクーバー
に渡ることになる．秀萍は香港に取り残される実の娘の飛燕を哀れに思うととも
に，結婚以来 20 年以上も会っていない夫の益民と再会することに不安を禁じ得

ない（325-326 頁）．

　黄秀萍が 1955 年 5 月にカナダに渡って以降の物語が第 3 部である．香港から
バンクーバーへの 18 日間の船旅では，夫は本当に自分に来て欲しいと思ってい
るのかとの疑念を抱く秀萍の心情が描かれる（333 頁）．夫の元に到着した秀萍
が真っ先にしたことは，香港から持参した姑の位牌をバンクーバーですでに他界
した益民の父の位牌と並べることであった（346-347 頁）．姑ら夫婦は位牌どう
しでの再会であった．

　以降は子育てや子どもの結婚，夫の病死など，もっぱら家族の動態を中心に物
語は展開してゆく．秀萍は中華料理店の厨房を手伝いながら，夫との生活にも徐々
に慣れて行き，2 年足らずの間に子どもを 2 人産む．一人目は女の子（次女・宝
燕（ポーイン））だったので，男児を望んでいた夫の益民は落胆したが，二人目
が男児（次男・建祖（キンチョ））だったので夫は満足する（363-364 頁）．ここ
でも露骨な男児偏重の価値観が描かれている．

　店の仕事を手伝っている養子の建邦は，香港在住の台山出身の若い娘たちのな
かから写真で選ぶという方法で伴侶を得る（376-379 頁）．結婚後，建邦夫婦に
はまもなく子どもができ，秀萍は娘の宝燕，末息子の建祖，孫娘のジョージーの
3 人の面倒をみることとなった．その後，中国本土は文化大革命に突入し，香港
も騒然となるに及んで，香港で結婚した飛燕とその夫もカナダに呼び寄せようと
いう計画が練られる．そうしているうちに秀萍の夫の益民は癌を患い，死期を悟っ
た益民は，秀萍に遺言として文革が終わったら台山の故郷の村に帰り，弟の益武
に会い，没収された洋楼を買い戻して欲しいと頼む（425 頁）．

　その洋楼とは，益民とその父親がカナダで苦労して稼いだ金を送金して故郷の
西廓村に建てさせたものであったが，益民もその父親も，自分ではついに一度も
目にすることがなかったものである．秀萍は夫の遺言に「ええ，そのとおりにし
ますよ」と答え，長年に及ぶ「生寡婦」としての苦労の日々にもかかわらず，ど
うして自分のなかで夫への愛着が消え去らなかったのだろうかと静かに自問す
る．同時にまた，それはカナダ生まれの子どもたちには理解してもらえない感情
かもしれないと感じる（426 頁）．

　その後のストーリーは，秀萍の一家が共同経営者の甥の借金のために店を乗っ
取られそうになるなどの困難を乗り越える話を挟みつつ，秀萍と次世代の家族た

ちとの価値観の相違の問題に向かってゆく．カナダで生まれた次女・宝燕は現代
的なものの考え方を身につけており，母親である秀萍の古い考え方をあからさま
に批判するようになる（447-448頁）．また，同じくカナダ生まれの息子・建祖は，
中国系の娘と結婚するが，その嫁の立ち居振る舞いが少しも中国人らしくないこ
とに秀萍は腹を立てている（455頁）．

　やがて宝燕はブリティッシュコロンビア大学に進学したが，そこでアジア学
科の白人学生と出会い，ついに結婚することになる．中国人以外との結婚にはじ
めは反対だった秀萍も，その人柄を認めて同意するようになる（453〜454頁）．
こうして時代の流れを徐々に受け入れてゆく秀萍には，孫もまた新たに増えてゆ
き，養子の建邦夫婦には次女・ウィニーが，また長女の飛燕夫婦にはタイロンと
デヴィッドという2人の息子が，さらには末息子の建祖夫婦にはゴードンという
男の子が，そして宝燕夫婦にはエミリーという女の子が誕生する（455-458頁）．
もはやこれらの世代はみな，普段から中国語名ではなく英語名で呼ばれている．

　物語の最後を締めくくるのは，1987年6月に秀萍が夫の遺言を果たしに中国
本土広東省台山県の西廓村を訪問するくだりである．改革開放政策の後，中国本
土への華僑の里帰りも容易になり，この年，秀萍は娘の宝燕とともに帰郷を果た
したのだ．^(注5) 西廓村を訪れた2人は，益民の弟・益武に再会するとともに，引退し
た村の幹部から文革時の誤りを謝罪され，荒れ果てた洋楼も返却するとの申し出
を受ける（484-485頁）．同時にまた，カナダ華僑の男性との結婚を希望する村
の娘たちの写真も大量に預かることになった（494-497頁）．最初のうちは初め
て目にする祖国・中国の現状を理解し受け入れようと努めていた宝燕だったが，
何故今でも故郷の人々は移民の伝手を求めたがるのかを疑問に思い，娘たちが家
族の海外渡航のための橋として利用されていることに嫌悪感を覚える（499-501
頁）．台山から香港へのフェリーでの帰途，宝燕は秀萍に向かって，あのように
海外移住への伝手として華僑の結婚相手を求める娘たちの気持ちが理解できるか
と問いかける．そしてそれに対し，秀萍が「できるさ」と答えるところで物語は
終わっている．

　この物語は，著者のユエンフォン・ウーンがその日本語訳版への「まえがき」で，
「長年に渡る調査と研究から生まれた本書は，学生や一般読者に向けて私なりの
やり方で記した『社会史』の著作です」（3頁）と述べているとおり，多くのカ

ナダ華僑や中国の移民母村住民にインタビュー調査した結果にもとづいて書かれている．したがって，まったく想像力に任せて書き下ろされたものではなく，むしろ実在の華僑たちのライフストーリーを，一人の人物・一つの家族の話に紡ぎ合わせたものと考えた方がよかろう．海外の地で活路を見出そうと刻苦勉励する華僑第一世代の姿，子ども，とくに男児を産み育て家族の存続を図る責任を負わされる妻たちの苦悩，故郷への想い，移住先の社会への同化にともなって生ずる数々の軋轢や諦めなど，『タイからの手紙』に描かれていたのと相似形のエピソードがこの作品のなかにも散りばめられている．

　それらは，華僑を対象とした学術研究書においても頻繁に言及される諸現象である．それでも，同著がカナダ華僑の歴史を明らかにするための単なる学術資料としての体裁に止まることなく，一貫したストーリーを通して主人公たちの言動や立ち居振る舞いに感情移入しながら読み進むことができるのは，著者の筆の力のなせる技であろう．実際，黄秀萍が「生寡婦」として，あるいはカナダ在住の華僑婦人として，時折々に感じる情動の描写は，ただ単にインフォーマントの語りをなぞっただけのものとは到底思われぬほどに，著者自身の深い理解と共感を感じさせるものとなっている．

　結婚するなり夫と切り離され婚家で嫁として暮らすことを強いられる「生寡婦」という特殊な人生経験や，日中戦争，階級闘争など激動の20世紀中国を生き抜いた人々の経験として，それ自体貴重な口述歴史であり，人々の興味を引きつける存在でもあるのだが，著者はそれらの語りを，単に学術的関心から分析的に理解しようとするだけではなく，感性のレベルでも理解しようと努めているように見える．ただし，著者自身カナダ生まれの中国系人であり，大学で教鞭を執る知識人でもあるので，物語中の登場人物でいえば，秀萍自身よりは次女の宝燕に近い立ち位置にあると考えられる．

　社会人類学者である著者の問題意識として，伝統的中国人社会に遍在する女性の抑圧をえぐり出し，そのただなかで実人生を生き抜いてきた女性たちの心性とバイタリティーに迫ろうという意図がこの作品の端々には感じられる．とくに秀萍の婚家の村の宗族儀礼や，家庭内での子育ての慣習にみられる男尊女卑の傾向に対する批判的描写などには，そうした著者の価値観が垣間見える．家族の一部または全部が越境者であることから生じる物理的・心理的ストレスが，社会的

にも家庭内的にも弱者の立場にある女性の身の上に集約的にのしかかっている姿
が，秀萍はもとよりその娘の飛燕らの体験として具に描き出されているのだ．そ
うした，華僑の越境生活の過酷な部分を，徹底して女性の視線から描いているとい
う点で，本作品は貴重で異色な存在と言えよう．

　ただし，移民母村や華僑としての渡航先での女性の抑圧と労苦を，これでもか，
これでもかと描き出すことにのみ著者が腐心しているのであったとしたら，秀萍
一家の物語はこれほどまでに読む者の心を打つものとはならず，文学作品として
も皮相なものに止まったであろう．それとは反対に，著者のユエンフォン・ウー
ンは秀萍ら「生寡婦」世代の女性たちの人生体験に深く寄り添いつつも，その時
代その立場を生きなかった者にとっては到底共感し尽くすことのできない，理解
を超絶した体験の領域の存在に対しても，敬意を払うことを忘れていない．

　著者自身の価値観を代弁しているであろう宝燕が，物語の最終部分において顔
を涙でびしょ濡れにしながら秀萍に向けて発する問いは，「家族の越境戦略の道
具として生きる女性たちの心情は自分には理解できない，そのような生き方は自
分には到底できない」という彼女なりの拒絶を表していると思われる．同時に，「自
分にはそれが理解できる」という秀萍の答えには，安定の後に生まれた後続世代
の者からは決して理解されないとしても，自分は確かにそれを生きてきたのだと
いう深い諦念と，プライドをさえ感じさせるものがある．

　このように，ここで扱った両作品ともに，フィクションという手法を通じて，
越境して生きる個人や家族の特殊な体験ならびにその心情を，きわめて深い次元
において克明に記述することに成功しているといえるであろう．

3　結びに代えて

　この小論にはとりたてて結論などといったものはない．これはただ，我々のよ
うに人間を研究対象としている者が，その研究対象たる人間について描くときに，
どのような描述の方法があり得るだろうか，とりわけ極度に個別化され特殊化さ
れた人生を歩んでいる越境者のような人々について描こうとする場合に，どうす
るべきなのか，ということを筆者なりに思いめぐらした試論である．

　生活経験や「文化」を安定的に共有・継承する母集団の存在が仮定できない越

境者たちの場合，彼らが個人として個別家族としてたどる行動の軌跡や折々の感慨を逐一具体的に記述してみても，それが古典的意味での「民族誌」となる余地はない．それは必然的に個人誌，家族誌という性格のものにならざるを得ないが，他方，必ずしもそれが特定の実在のモデルの一挙手一投足を忠実に再現したものである必要もない．そのようなことはそもそも不可能である．むしろ，著者が実在の対象から感得したリアリティーを，架空の人物・架空の場面を介して描き出すという作業の産物の方が，読む者に対してはより具に，より深く，対象について理解するチャンスを与えることになる場合もある．この点で，個人誌，家族誌としての事例提示にとっては，フィクションを交えた小説の形式も許容されるべき重要な選択肢であると考えられる．

　もちろん，そのような小説仕立ての個人誌，家族誌の記述を行うことは，調査でインフォーマントから得たベタな資料を羅列的に記述することと比べると，よほど困難な作業である．第一にそれには文才が要る．登場人物の組み合わせや，ストーリーの展開を考えるための構成力も必要だ．したがって，それは一般の研究者たちよりは絞り込まれた，一握りの才能溢れる者にのみ許される芸当であることは確かだろう．ただ，いやしくも人間について描述することを生業〈なりわい〉としている人文社会科学者の端くれであるからには，それを目標として努力はしてみたいものである．

　小説形式の事例描写の利点としてもう一つ付け加えるならば，過度の合理性，過剰な意味づけから対象そのものを救済することができる点であろう．優れた文学作品は，必ずしも万人に同じ感想をもたらす明快さを備えているわけではなく，むしろ人それぞれの感性や嗜好の違いに応じて異なったものを引き出し得る曖昧さ，ある種のオープン・エンドな性格を有している．少なくとも，本論で取り上げた2作品のように文学としての質の高い作品のなかでは，すべてが語り尽くされ説明し尽くされることはない．

　陳璇有が羅紅梅に本当に求婚するのか否かや，何故彼がそうするのかの理由については，作品のなかでは語られないし，黄秀萍と娘の梁宝燕の間に横たわる越境女性の人生に対する「理解」の溝は埋められることなく作品が終わっている．こうした人生についての考え方，感じ方の機微は，親しい家族の間でも，また同一個人のなかでさえ，常に揺らぎ，食い違い，移ろってゆくものであるはずだが，

それを小賢しい学術的言説により一般化し固定化することは，一種の欺瞞に過ぎない場合もある．その点，文学作品はきれいに整序された結論を必須とはしないし，人々の行動や思念のなかの割り切れない曖昧な部分を，むしろ尊重し受け入れようとするのである[注6]．

　そのような作法は，客観的データのみからの帰納を重視する科学の領域内にあっては著しい異端と映るかもしれないが，人間を理解対象とする文化人類学が対象の内面や文脈に深く入り込んだところからの理解を目指すのであるならば，それはもっと試されてよい方法かと思われる．

注
1)　同作品中での人名の音表記は潮州語によっている．
2)　この作品中での人名・地名の音表記は広東語の四邑方言によるもの.
3)　西廓村という名前は架空のものと思われるが，作品中にしばしば登場する最寄りのマーケットタウン「山底」は台山県中部に実在する（今日の台山市端芬鎮）.
4)　夫が生きているのに寡婦のような存在という意.
5)　筆者はこの 1987 年の 9 月に概況調査のために台山を旅している．秀萍と宝燕が宿泊して久しぶりにウェイトレスの真正台山方言を聞き，また地元住民の結婚披露宴の様子を垣間見たとされる県城のホテルにも宿泊した．この作品を読むたびに，筆者はあのホテルのロビーで秀萍たちとすれ違っていたに違いないという感覚に襲われる.
6)　そのような文学特有の曖昧性の担保は，必ずしも記述の客観性や正確性の保持と排他的な関係にあるわけではない．「私たちは民族誌の詩的次元を認識すべきだとはいっても，いわゆる詩の自由奔放な戯れを得るために，事実と正確な説明をあきらめなさい，と要求しているのではない．……『詩』は歴史的にも，精密にも，また客観的にもなりうるのである」（クリフォード，J. 他編 1996：45 頁）．ただし，そこにも高度な技が要求されることは言うまでもない．畢竟，一番の難題はその技を如何にしたら獲得できるかである.

文献一覧
クリフォード，J. 他編（春日直樹他訳）
　1996『文化を書く』，東京：紀伊國屋書店.
末成道男編
　1995『中国文化人類学文献解題』，東京：東京大学出版会.
ボータン著（冨田竹二郎訳）
　1979『タイからの手紙・上』，東京：井村文化事業社発行，勁草書房発売.
　1979『タイからの手紙・下』，東京：勁草書房.
ユエンフォン・ウーン著（吉原和男監修，池田年穂訳）
　2003『生寡婦——広東からカナダへ，家族の絆を求めて』，東京：風響社.
Lin Yao-hua
　1947 *The Golden Wing, A Sociological Study of Chinese Familism*, London: Kegan Paul.

あとがき

　本書の企画は，2015 年 12 月 5 日，6 日に東北大学東北アジア研究センター創立 20 周年記念行事の一環として行われた一連のシンポジウムのなかの，セッション B1「個人史からみる東北アジアの人の移動：マルチサイトな人類学の挑戦」（代表者・瀬川昌久）に端を発している．ただし，そうした記念シンポジウムの主催者が往々にして企てるところの，もっぱら開催記録を世に残すことのみを目的として編まれた「成果論文集」ではない．

　本書の執筆者のうち，李華，兼城糸絵，リーペレス ファビオの 3 名は発表者として，また上水流久彦，太田心平，川口幸大の 3 名はコメンテーターとして，そして瀬川は趣旨説明者・司会者として同セッションにかかわったが，それぞれが同セッションへの参加を通じて得た問題意識をいったん持ち帰り，1 年余の「熟成期間」を経てそれぞれ自分の発言内容を適宜ふくらませて寄稿したのが本書の各章である．また当日のフロアー参加者として同セッションに参加した李斌には，やはりその場で共有した問題意識をもとに，新たに事例研究を書き起こしてもらった．したがって，同セッションのテーマを主題としながらも，それを各執筆者の個性や興味に応じてそれぞれの方向へ展開させたものが本書なのである．

　「はじめに」にも述べたとおり，国境を越えた人の移動の研究には国際的な政治秩序や経済構造などのマクロな要因から全体の趨勢を説明しようとする研究と，移動する個々人や個々の家族の個別具体的な経験に注目したミクロな研究が存在するが，本書はこのうちの後者，ミクロな視点からの研究に徹することを意図したものである．それは直接参与観察を通じて少人数の対象に密着し，文脈付きの質的データを収集するという文化人類学の手法に適合した研究の視座ではあるが，人類学が従来的に行ってきた「民族誌」記述の方法論のみでは必ずしもそれが十全に実現できるとはいえない．すなわち，従来の人類学が得意としてきたエスニシティーや地域コミュニティーといった集団的枠組みに依拠する思考方法のみでは，当事者の経験がゆがめられて記述されたり，過剰な解釈が付与された

りすることにつながりかねないからである．無自覚裏にそうした枠組みに準拠してしまうことを自制しつつ，個々人または個々の家族の個別的経験を徹底して記述し分析してゆく個人誌，家族誌としての性格がそこには求められる．

　そのように，本書は社会事象の記述・分析に関する方法論的な問題提起と模索をも包含する企画であるが，そのことについてなにがしか結論めいたものに到達するためには，今後一層の展開が必要である．とりあえずは，越境者としての個人や個別家族の経験がもつリアリティーの一端を読者の前に明らかにし，人文社会科学がそれらと向かい合うことの意義と難しさとを同時に確認することができたとすれば編者としては幸いに思う．

　末筆ながら，本書の企画の基となったシンポジウムの実現を裏方として支えてくれた東北大学東北アジア研究センター URA（当時）の前田しほ氏，町 澄人氏，ならびに同センター・コラボレーションオフィスの熊谷 香さん，畠山 瑞さんに心から御礼を述べたい．また，本書の編集過程を通じ温かい御助言と多大な御尽力をいただいた古今書院の関 秀明さんにも衷心よりの感謝を申し述べたい．

2017 年晩夏

編者

索　引

QOL 移民　77, 89
SNS　79, 85, 86

あ行
愛着　58, 67, 69-73
アイデンティティ　38-41, 43, 54, 62, 63, 75, 122-124, 129
曖昧さ　148, 149
アサイラム化　59
アムステルダム　75, 81
異者（ストレンジャー）　55
一時滞在者　35, 115, 124
移民ネットワーク　117
英語力　51, 52
エンポ世代（n 放世代）　81, 82
送り出し機関　116-118, 129
贈り物　124, 125

か行
改革開放　20, 21, 23, 36, 94, 102, 104-107, 110, 111, 145
価値観　3, 48-55, 71, 136-141, 144-147
カナダ華僑　145, 146
河南省　67, 69, 116, 118
関係（guanxi）32, 33, 35, 36
韓国華僑　64, 71, 73
韓人会　76
完全失業率　79
広東省台山県　141, 142, 145
帰国子女　38, 39, 51, 53
　　──教育　7, 13, 18, 63, 64, 77, 93, 95, 106, 107, 111, 112, 138, 140
　　──僑郷　21, 117
　　──金融危機　77
クリフォード，J.（James Clifford）　134, 135, 149
グローバリゼーション　59, 92, 111
結婚　11, 14, 16, 31, 38, 81, 136, 139, 140, 144, 145
　　国際──　3, 5, 18, 40

言語　22, 40-43, 54, 55, 63, 66, 115
　　──学校　126
研修機関　118, 119
行為　39, 48, 51, 54, 55
広州　94-100, 102, 106, 108-112
幸福指数　81, 85
高麗人　5
国民党　58, 63, 64, 69, 71, 72
個　人　3, 6, 7, 33, 3841, 51, 54, 55, 61, 62, 71, 76, 93, 110, 121, 122, 134, 135, 147, 148
戸籍制度　93, 99, 102, 113
国共内戦　20, 23, 59, 64
子どもの養育　7-9, 11, 12, 17, 18
コペンハーゲン　81

さ行
差異　38, 54, 55,
差異化　40, 45, 48
在外同胞　6, 76,
在日中国人の重層構造　128
再入国　5, 6, 124-127, 129
サスキア・サッセン　61, 74
差別　6, 39, 43, 45-48, 54, 63
残業　80, 84, 119-121
シオニズム化　59
市橋（広州市番禺区市橋）　93-96, 106-109, 111, 113
社会関係資本　36, 61, 115, 121, 127-130, 137
小説　133, 134, 136, 139, 140, 142, 148
情動　76, 78, 79, 90, 134, 146
女性の抑圧　147
親戚訪問　4, 5, 19
人民公社　94, 99, 102-104, 106, 107
スポーツ　43-46, 48, 54
生存移民　77
制度的制約　127, 128
世代間不平等　79, 80, 88
センス　75, 84, 85, 86
ソウル　41, 46, 75, 80, 81, 84, 87
祖孫世帯　15

た行
タイ華僑　136, 139, 140
台湾社会の構成者　70-72
多元的帰属意識　59
他者化　41, 54, 55, 62, 66
男尊女卑　137, 146
中国化　63, 64
中国共産党　1, 65, 67-69, 73, 98, 99, 102, 104, 105, 143
長男の責任　13, 15-17
ツイッター　87, 89
ディアスポラ化　59
ディスタンクシオン　84, 89
出稼ぎ
　アメリカへの――　29
　カナダへの――　142
　韓国への――　2, 3, 5, 6, 8, 9, 14, 16
　サイパンへの――　2
　中国国内の――　104, 105, 108, 111, 113
　日本への――　23, 24, 35, 121, 122, 128, 129
　ロシアへの――　2
電子掲示板（BBS）　80
同郷人　140, 141
当事者性　128, 129
匿名性　132, 134
トランスナショナリズム　3, 6, 13, 59, 60, 92, 111

な行
228事件　63, 73
西澤治彦　114, 134
ニューヨーク　49-51, 84, 85, 87

は行
ハーフ　38-40, 47, 53
白色テロ　63
ハビトゥス　78, 79
番禺（広州市番禺区）93-95, 99, 106, 108, 111, 112
費孝通　111, 113, 133
否定的な自己認識　123, 129
非日本人　39, 53
ヒュッゲ（hygge）　85
フィールドワーク　41, 94, 132
フィクション　131-134, 136, 140, 142, 147, 148

福州　20, 21, 23, 26, 31, 32
父系観念の拘束力　8
父系出自　10, 133
福建省　20, 21, 23, 117, 133
不法移民　20-24, 30, 35, 100, 113
文学　133, 134, 140-142, 147-149
紛争　119-121
ヘル・チョーセン　86, 87, 89, 90
ボータン　136, 137, 140, 141, 149
香港　73, 92-102, 104, 105, 110, 111, 141-145
本土化　64-66, 69, 70, 71, 73

ま行
マイノリティ（エスニック・マイノリティ）38, 40, 53, 123
孫の養育　8-10, 16
マナー　34, 75, 83, 84, 85, 86
マルチレイシャル　39
マルメ（Malmö）　81
密航（密入国）　5, 21, 22, 24-26, 28, 35, 37, 143
南アフリカ　41-48, 54-56
民衆的理解　77
民進党　64, 65, 67, 69
民族誌　131-135, 148, 149
無縁故就業政策　4, 5
モザイク型の自分　62

や行
友人　25, 27, 32, 43, 112, 117, 125, 129
ユートピア　78, 79, 87
ユエンフォン・ウーン（温婉芳）　141, 142, 145, 147, 149
養育者の優先順位　12

ら行
ライフストーリー　3, 20, 22, 24, 35, 39-42, 49, 54, 55, 139, 142, 146
留学生　27, 45, 115, 118, 121-123, 126
林耀華　133, 140, 142
ルーツ　38-40, 53, 68
老親扶養　7, 13-18
労働移民　59, 72
ロールモデル　116, 117, 128

80年代香港都市住民の祭り
瀬川昌久撮影.

【分担執筆著者紹介】

李 華　　　　りか（Li Hua）　　　　　1 章執筆

1970 年生．中国延辺大学人文社会科学学院社会学部副教授．文化人類学，中国朝鮮族研究，家族研究が専門．主要業績：『中国朝鮮族社会の変動と家族生活』（共著，韓国学術情報，2015 年），「老親扶養にみる中国朝鮮族家族の現在：国外移住に伴う変化を中心に」，『東北アジア研究』（第 19 号，2015 年）ほか多数．

兼城 糸絵　　　　かねしろ いとえ　　　　　2 章執筆

1982 年生．鹿児島大学法文教育学域准教授．文化人類学，地域研究が専門．主要業績：「＜移民＞が支える神祇祭祀——福建省福州市の僑郷から」川口幸大・稲澤努編『僑郷——華僑のふるさとをめぐる表象と実践』（分担執筆，行路社，2016 年），「現代中国の移民と宗族——福建省福州市の事例から」瀬川昌久・川口幸大編『＜宗族＞と現代中国——その変貌と人類学的研究の現在』（分担執筆，風響社，2016 年）など．

リーペレス ファビオ　　　　Lee Perez, Fabio　　　　　3 章執筆

1983 年生．東北大学大学院文学研究科博士課程．文化人類学，移民研究が専門．主要業績：「"Culture-Trotting" as a Way of Life: An Anthropology of Cosmopolitans」『東北人類学論壇』14：1-19，2015 年．

上水流 久彦　　　　かみづる ひさひこ　　　　　4 章執筆

1968 年生．県立広島大学地域連携センター准教授．社会人類学，東アジア文化論，地域振興論が専門．主要業績：『境域の人類学——八重山・対馬にみる「越境」』（共編著，風響社，2017 年），『東アジアで学ぶ文化人類学』（共編著，昭和堂，2017 年），『台湾漢民族のネットワーク構築の原理——台湾の都市人類学的研究』（渓水社，2005 年）ほか多数．

太田 心平　　　おおた しんぺい　　　　　　5章執筆

1975年生．国立民族学博物館および総合研究大学院大学文化科学研究科准教授，ア
メリカ自然史博物館上級研究員．社会文化人類学，北東アジア研究が専門．主要業績：
『한민족 해외동포의 현주소 : 당사자와 일본 연구자의 목소리 』（共編著，학연문
화사，2012年），"Collection or Plunder: The Vanishing Sweet Memories of South Korea's
Democracy Movement," (*Senri Ethnological Studies* 91, pp.179-193, 2015) ほか多数.

川口 幸大　　　かわぐち ゆきひろ　　　　　6章執筆

1975年生．東北大学大学院文学研究科准教授．文化人類学が専門．主要業績：『よう
こそ文化人類学へ──異文化をフィールドワークする君たちに』（昭和堂，2017年），『東
アジアで学ぶ文化人類学』（共編著，昭和堂，2017年），『僑郷──華僑のふるさとを
めぐる表象と実像』（共編著，行路社，2016年）.

李 斌　　　り ひん（Li Bin）　　　　　7章執筆

1990年生．ベルリン自由大学東アジア研究所・大学院博士課程在学中．主要業績：「『一
時滞在者』の社会的ネットワークに関する人類学的研究──在日中国人技能実習生を
例として」（2017年，東北大学大学院環境科学研究科修士論文）など.

【編者紹介】

瀬川 昌久　　せがわ まさひさ　　　8 章執筆

1957 年生．東北大学東北アジア研究センター教授．文化人類学, 華南地域研究が専門．
主要業績：『客家──華南漢族のエスニシティーとその境界』（1993 年），『族譜 - 華南
漢族の宗族・風水・移住』（1996 年），『中国社会の人類学──親族・家族からの展望』
（2004 年），『近現代中国における民族認識の人類学』（編著，2012 年），『〈宗族〉と中
国社会──その変貌と人類学的研究の現在』（共編著，2016 年）ほか多数．

【東北アジアの社会と環境】

書　名	**越境者の人類学** ──家族誌・個人誌からのアプローチ
コード	ISBN978-4-7722-5309-3
発行日	2018（平成 30）年 3 月 10 日　初版第 1 刷発行
編　者	**瀬川 昌久** Copyright ⓒ2018　Masahisa SEGAWA
発行者	株式会社 古今書院　橋本寿資
印刷所	株式会社 理想社
製本所	株式会社 理想社
発行所	**古今書院**　〒 101-0062 東京都千代田区神田駿河台 2-10
TEL/FAX	03-3291-2757 ／ 03-3233-0303
ホームページ	http://www.kokon.co.jp/　　検印省略・Printed in Japan

KOKON-SHOIN

http://www.kokon.co.jp/

東北アジアの社会と環境

◆ 寒冷アジアの文化生態史

高倉浩樹 編　　　定価本体 3300 円＋税　　　2018 年 3 月刊

東北アジアの狩猟採集民や牧畜民の歴史を、環境と文化の相互作用から読み解こうとする試み。文化によってのみ説明する文化相対主義でもなく、環境決定論でもなく、人類の環境適応のモデル化による人類文化史を提示する。事例：旧石器時代人類史（先史考古学）、アイヌエコシステム（歴史生態学）、永久凍土と人類文化（社会人類学）、トナカイ牧畜（社会人類学）、北アジア牧畜と西アジア牧畜の比較（文化人類学）。

◆ 越境者の人類学　——家族誌・個人誌からのアプローチ

瀬川昌久 編　　　定価本体 3800 円＋税　　　2018 年 3 月刊

日本・中国・朝鮮半島・台湾の国際的越境移動現象を、グループやコミュニティだけでなく、家族や個人の動向からとらえた論考。事例：中国吉林省の朝鮮族家族、中国福建省からの日本への密航者、日本のハーフや帰国子女、台湾の中国本土出身者、韓国の若年層にみられる脱出欲求、中国広東省と香港の越境移動、中国から日本にやってきた技能実習生、異郷に暮らす華僑家族の文学作品。

~~~~~~

続刊で扱うテーマ

＜自然環境＞　　　　　　　　　　千葉 聡 編
＜19 世紀の社会と環境＞　　　　荒竹賢一朗 編
＜前近代の帝国論＞　　　　　　　岡 洋樹 編
＜戦争前後の国家の連携・対立＞　寺山恭輔 編
＜環境とエネルギー＞　　　　　　明日香川壽川 編